말씀이 삶이 되어

# 말씀이
# 삶이 되어

**꿈과 사랑을 전하는**
희망 메시지

**김상희** 지음

*hope*

천원사

| 시작하며 |

    책을 읽다보면 풍경소리처럼 가슴에 머무는 문장과 구절이 있다. 그것들에 밑줄 긋고 멈추어 서서 음미하고 싶어진다. 그런 동기와 과정으로 여기에 내놓은 것이 『말씀이 삶이 되어』다. 이 책은 세계평화통일가정연합 경전 『천성경』에서 마음이 이끈 문장과 구절들을 발췌하여 골격을 세우고, 거기에 작은 글을 써넣어 깊이갈이한 엮음이다.

    방대한 천성경을 일독하는 것은 쉬운 일이 아니다. 말씀을 처음 접하는 전도대상자나 새식구에게는 더욱 큰 용기와 도전이 필요하다. 바쁜 일상에 쫓기는 많은 식구들과 나의 아이들처럼 학교생활과 공부에 치여 사는 학생들에게도 그것은 버거운 일이다. 이런 소중한 나의 이웃과 친구들을 떠

올리며 짧은 시간에 가벼운 마음으로 말씀을 접할 수 있게 도움 주고자 이 책을 쓰게 됐다.

 말씀은 한 가지 답만 전하지 않는다. 질문하는 사람 따라, 처한 상황 따라 천 가지도 넘는 답을 제시한다. 그 답을 얻기 위해서는 말씀을 하루 책임량을 해치우듯 급히 읽어나갈 것이 아니라 한 문장, 한 구절을 붙들고 삶과 연결지어 음미하는 그런 시간이 마땅히 있어야 할 것이다. 가정연합 홈페이지에 연재했던 '희망편지' 일부와 쓰고 지우기를 반복한 여러 글을 수록했다. 다양하고, 깊이 있는 내용을 전개하지 못해 독자들께 많이 죄송하다. 몇몇 글은 오래 놔둔 탓에 시간적 한시성을 넘어선 것도 더러 있다. 너그러이 읽어주시길 부탁

드린다.

   스마트폰 불빛이 꺼지지 않는 한 쉼 없이 달려야만 하는 것이 인생은 아닐 것이다. 목표 너머 또 다른 목표가 끝낼 수 없는 숙제처럼 계속해서 주어지는 세상에서 우리가 함께 꿈꾸고, 나누고 싶은 것이 무엇인지를 잠시 생각해 볼 수 있다면 그것으로 감사할 따름이다.

   끝으로 시간이 지나면서 흩어지고 있던 글들을 모아 한 권의 책으로 귀히 만들어주신 천원사 임직원 여러분께 진심 어린 감사의 말씀을 드린다.

2022년 5월

김상희

| 차 례 |

시작하며 · 4

## 1부 효정과 사랑의 길

마음의 본향 · 12 / 세상에서 가장 멋진 일 · 16 / 한계 지을 수 없는 것 · 18 / 어머니 · 20 / 진정한 스승 · 24 / 자녀를 행복한 사람으로 성장시키는 8할 · 27 / 나의 단점을 대신 떠안은 사람 · 30 / 부부의 맞절 · 34 / 반쪽의 소중함 · 37 / 공감 · 41 / 사랑의 품 · 44 / 아빠야 약해지지마 · 47 / 자녀 사랑의 도(道) · 51 / 참된 선행 · 54 / 한 사람, 한 우주 · 58 / 따뜻한 가슴 · 61 / 사랑의 길 · 65 / 형제를 위하여 · 68 / 불꽃 같은 삶의 기도 · 71

## 2부  값진 삶

거울보기 · 76 / 마음 앞에서 · 80 / 나를 찾아서 · 83 / 그럼에도 불구하고 · 86 / 즐겨야 하는 이유 · 90 / 내 안의 스승 · 93 / 나에게 오늘이란 · 96 / 바로 이 순간, 바로 이곳 · 100 / 어두운 베이스가 들어있는 삶 · 103 / 내가 살아보니까 · 106 / 행복은 어디서 오나 · 110 / '달과 6펜스' 그 사이에서 · 113 / 배움 · 116 / 그 사람 · 120 / 일(業)의 값진 의미 · 122 / 나만의 제때 · 125 / 용서 · 128 / 하늘의 심정 · 131

## 3부  내가 그리는 무늬

마음의 힘 · 136 / 내가 그리는 무늬 · 140 / 오답 노트 · 143 / 성공의 첩경 · 146 / 인생과 행복 · 149 / 1등이 아니라 최선 · 152 / 기회, 선택, 노력 · 156 / 포기하지 않는 열정 · 159 / 믿음 · 162 / 청사진 · 166 / 목표 설정 · 170 / 주력해야 할 삶의 주 메뉴 · 174 / 새로운 마음으로 · 177 / 마음 담긴 실체 · 180 / 스스로의 결과물 · 183 / 새로운 길 · 186 / 인격과 습관 · 189

## 4부 대지에 흐르는 물

초기화 버튼 · 194 / 취미를 대하는 태도 · 198 / 안분지족 · 201 / 공감과 지지 · 204 / 자비 · 208 / 마음 수행 · 211 / 마음에게 묻기 · 214 / 홀로 있는 시간 · 216 / 일상의 새로움 · 218 / 대지의 어머니 품으로 · 221 / 자연과 나 · 224 / 무엇을 버리고 남길까 · 228 / 교감 I · 231 / 물에서 얻은 깨달음 · 235

## 5부 다시 만나고 싶은 인연

따뜻한 배려 · 240 / 말없이 그 마음속으로 · 244 / 사랑해야 할 이유 · 247 / 교감 II · 251 / 대화의 기본 · 255 / 인연 · 258 / 관계의 힘 · 261 / 다시 만나고 싶은 사람 · 264 / 서로에 대한 믿음 · 267 / 솔선수범 · 270 / 방향의 중요성 · 274 / 사랑의 근거지 · 277 / 인생의 가치 · 280 / 인간이 알아야 하는 진리 · 283 / 기부 · 286 / 나눠야 하는 이유 · 289 / 가치 있는 삶 · 293 / 말없이 서 있는 사람들 · 296 / 아낌없는 희생 · 300 / 하늘만큼 행복한 삶 · 302 / 천국 가는 법 · 305 / 또 하나의 축제 · 308

# 1부
# 효정과 사랑의 길

# 마음의 본향

우주의 근본은 바로 부자관계입니다.

아들이 열 명이 있다고 해도

아들들 개인 개인을 대하는

부모의 사랑에는 차이가 없습니다.

어머니 아버지의 심정을 거쳐서

뼛골에서 우러나오는 사랑이 자식에게 스며들 때

이곳이야말로 인간이 머무를 수 있는

최고 행복의 기점이요,

인간의 마음의 본향입니다.

『천성경, 74』

서울대 박동규 국어국문학 명예교수가 젊은 시절, 대학에서 시간강사 할 적 일이다.

아침 일찍 학교에 오느라 끼니를 챙겨먹지 못했다. 오후 강의 준비로 점심 역시 또 거르게 되었다. 종일 강의실을 헤매고 하루가 저물었다. 피곤했다. 그러나 이튿날 강의 준비를 위해 또다시 연구실로 향했다.

세끼를 모두 굶은 늦은 밤. 마침내 집으로 향하는 버스에 올랐다. 사람을 가득 태운 버스는 인산인해였다. 서울역 앞을 지날 무렵이었다.

그의 등 뒤로 누군가가 "동규야" 하고 불렀다. 우연찮게 같은 버스 안에서 아버지 박목월(청록파 시인, 1916~1978년)을 만났다.

아버지는 손을 뻗어 아들의 배를 감싸 안아보았다. 아버지는 아들의 손을 붙잡고 다음 정거장에서 내렸다. 아들은 영문도 모른 채 아버지에게 이끌렸다.

"너 배고프지?"

아버지는 아들을 데리고 국숫집에 갔다. 아버지는 아들과 국수를 먹었다. 다시 버스에 올랐다. 흔들리는 차 안에서 아버지가 말했다.

"네가 힘없어 보여 배를 만져보니 배가 너무 홀쭉하더구나."

그러면서 돈이 없어 국수밖에 못 사줬다고 못내 아쉬워했다. 아들은 몽글거리는 눈물을 꾹 참아내느라, "아버지 고마워요"란 말도 하지 못했다.

표정만 보고도 자식의 배고픔,
자식의 사정까지 알아채는 사람…
그래서 부모는 시간이 갈수록 깊은 그리움,
영원한 마음의 본향이 되는가 보다.

## 세상에서 가장 멋진 일

사람은 사랑에서 태어나
사랑에서 살다가 사랑으로 돌아갑니다.
뿌리에서 시작했으니 열매는
반드시 뿌리로 돌아가는 것입니다.

인간이 왜 태어났느냐 할 때
이상적 사랑을 위해서 태어났다는 것입니다.
그러므로 사랑은 귀한 것입니다.

『천성경, 705』

어느 설문조사 기관에서 서울의 한 고등학교 학생들에게 물었다.

"살아갈 날이 앞으로 1년밖에 남지 않았다면, 꿈을 이루는 것과 5억 원 중에서 어느 쪽을 선택하겠습니까?"

학생들이 이구동성으로 "꿈이요!"라고 크게 말했다.

똑같은 질문을 그 학생들의 아버지들에게 했다.

"살아갈 날이 앞으로 1년밖에 남지 않았다면, 꿈을 이루는 것과 5억 원 중에서 어느 쪽을 선택하시겠습니까?"

아버지들의 답은 아이들과 전혀 달랐다. 아이들처럼 꿈을 선택한 아버지는 한 명도 없었다.

아버지란 이름을 가진 그들 모두는 자식을 위해, 가족을 위해 "꿈을 포기하고 5억 원을 남겨주고 싶다"고 말했다.

세상에서 가장 아름다운 것,
그것은 아마도 영원히 변하지 않을 사랑인가 보다.

# 한계 지을 수 없는 것

하나님이 우리에게 사랑을 주게 될 때
얼마만큼 주고 싶으실 것이냐?
'이만큼이면 됐다'라는
한계를 두는 사랑이 아닙니다.
무한정으로 주고자 하는 사랑입니다.
하나님은 몽땅 주고도
'너로 말미암아 너 가운데에 살고 싶다'
라고 하는 것입니다.
그렇게 될 수 있는 본질이 사랑입니다.

『천성경, 265』

2008년 5월 중국 쓰촨 성 대지진.

기도하듯 무릎을 꿇고 손을 바닥에 짚은 채, 생을 마감한 한 젊은 여인이 발견됐다.

다급하고 절박했던 그 순간… 죽음 앞에서 그녀는 왜 그런 자세로 있었을까?

구조대원들은 그녀 아래로 곤히 자고 있는 아이 하나를 발견했다. 아이를 지키기 위해 아이의 엄마가 건물 더미를 온몸으로 막아냈던 것이다.

꺼져가는 마지막 삶속에서 젊은 엄마는 휴대폰에 이렇게 작별인사를 남겼다.

"너무나 사랑스런 내 아가.
만약 네가 살게 되면 이것만은 기억해 주길.
엄마는 너를 사랑한단다."

한계 지을 수 없는 영원한 것,
그것은 오직 사랑뿐이다.

# 어머니

사랑하고 잊어버리고 또 사랑하려고 하는 곳에,

생명을 투입하고도 잊어버리고

또 투입하는 곳에 참사랑이 거합니다.

왜 잊어버려야 되느냐?

더 주려고 하니까 잊어버려야 합니다.

어머니의 사랑은 주고 잊어버리는 사랑입니다.

그것을 전부 노트에다 치부해서 받겠다고 하지 않습니다.

자기 젖을, 생명을 나눠 주면서도 좋아합니다.

『천성경, 276』

김애란의 소설 『칼자국』은 모정(母情)을 주제로 삼았다. 소설은 딸이 엄마의 부음(訃音)을 듣는 것으로 시작된다. 딸의 엄마는 식칼을 들고 세상과 맞선 억센 식당 아줌마였다. 무능한 남편 대신 여장부가 되어 칼국수 가게를 운영했다. 한평생 칼국수와 수많은 음식 재료를 썰었다. 캄캄한 새벽에 시작된 일이 또다시 캄캄한 밤이 돼서야 끝나는 긴 하루… 딸의 엄마는 늘 고달팠다.

그 사이 딸은 엄마가 해 준 음식을 먹고 무럭무럭 자라 어른이 됐다. 어린 시절 뛰놀던 그 식당 부엌에서 딸은 엄마를 떠올리다 허기진 배를 채우려 사과를 한 입 물었다. 사과즙이 입 안 가득 퍼졌다. 그리고 한 가지 진실을 깨달았다.

작가는 이 진실을 다음과 같이 표현했다.

"나는 어머니가 해주는 음식과 함께 그 재료에 난 칼자국도 함께 삼켰다. 어두운 내 몸속에는 실로 무수한 칼자국이 새겨져 있다. 그것은 혈관을 타고 다니며 나를 건드린다. 내게 어미가 아픈 것은 그 때문이다."

잠 한 번 곤히 못 자고 진자리 마른자리 갈아 뉘었던 사람. 맛있는 것 있을 때면 "난 별로 좋아하지 않아. 너 많이 먹어"라고 말했던 사람. 그 사람을 우리는 '어머니'라고 부른다.

음식 재료에 새겨진 무수한 칼자국은
어미의 끝없는 사랑이다. 그 사랑은 사랑한다는
말로써 증명되는 것이 아니라 건강히 자라난 자식,
바로 내가 그 증거가 되는 것이다.

바쁜 세상이다. 내 몸 하나 건사하는 것도 힘들고, 하루가 어떻게 가는지도 모를 때가 많다. 그래도 자식 위해 온 몸으로 세상과 묵묵히 맞선 어머니의 그 거룩한 사랑만은 잊지 말자.

# 진정한 스승

참된 이상, 참된 행복, 참된 평화의 기준은

위하라고 하는 데에 있지 않습니다.

위하려고 하는 데서부터 시작됩니다.

그렇기 때문에 참된 부부, 참된 부모, 참된 스승, 참된 애국자는

자기 자신을 중심삼고 끌어 붙이는 데서

시작되는 것이 아닙니다.

자기 자신을 투입하는 데서부터 시작됩니다.

『천성경, 352』

살아오면서 인생에 큰 영향을 주었던 스승 한 사람을 꼽으라면 누가 생각나는가.

소설가 문순태씨는 나침반 같은 존재, 삶의 자양분이 되었던 사람으로 어머니를 꼽았다.

나이 드신 어머니는 아들이 있는 아파트에 와 살면서도 철따라 이삭을 줍기 위해 시골 들판으로 길을 나섰다.

아들이 "그런 것 주워오지 말아요"라고 하면 어머니는 호되게 꾸짖으며 "땅은 하늘이고 사람이다"라고 다시 가르쳤다.

97세로 세상 떠날 무렵, 어머니는 모아뒀던 돈을 꺼내 보이며 "나 죽으면 이 돈으로 관 사거라" 하고 덤덤히 말했다.

망연자실하게 긴 밤 빈소를 지키면서 그는 비로소 어머니가 얼마나 큰 존재였던가를 깨달았다. 그러면서 새벽에 일어나 시 한 편('어머니의 향기')을 썼다.

어머니를 생각하면
청국장 냄새가 난다

세월의 밑바닥에 가라앉은
쓰디쓴 삶의 발효

사무치게 보고 싶은 오늘
그 향기 더욱 푸르고
빛이 바랠수록 그립다

아들은 어머니가 관 사라고 남긴 돈으로 오석을 사서 이 시를 새겨 마당에 세웠다.

그 어느 때보다 가르침을 주는 스승이 많은 시대다. 지식은 도시와 농촌, 온라인과 오프라인을 가리지 않고 지천으로 넘쳐난다. 아무리 그렇다 해도 부모를 능가할 수 있는 참된 스승은 없다. 그분의 가르침은 입이 아닌 몸에서 흘러나오기 때문이다. 속울음 너머 사랑과 생명으로 일평생 가르침을 주신 부모님, 그분이 진정한 스승이다.

# 자녀를 행복한 사람으로
# 성장시키는 8할

아침에 서로의 일을 위해 헤어질 때도 기쁨으로 헤어지고,

저녁에 다시 만날 때도 기쁨으로 만나야 합니다.

가정 전체를 사랑으로 연결시키고

웃음으로 연결시켜야 합니다.

자식들이 '우리 아빠 좋아! 우리 엄마 좋아!

엄마와 아빠가 서로 좋아하는 것을 보니 참 좋아!'라며

자랑할 수 있는 가정이 자식들의 안식의 보금자리입니다.

다른 어느 곳을 가고 싶지 않을 만큼

영원한 기쁨의 터전이 되고,

자랑의 터전이 될 수 있는 부부가 되어야 합니다.

『천성경, 487』

강영우씨는 한국인 최초 시각장애인 박사이자 미국 대통령 직속 국가장애위원회 정책 차관보에 올랐던 인물이다.
　그는 15살 때 축구를 하다가 눈에 공을 크게 맞아 실명했다. 어머니는 그 충격으로 돌아가셨고 형제들은 고아가 되어 뿔뿔이 흩어졌다.

　오랜 방황 끝에 늦깎이 나이로 맹인학교에 입학했다. 그는 독하게 공부했다. 1968년 연세대 교육학과에 들어가 쉬지 않고 공부했다. 1976년 미국 피츠버그대에서 박사학위까지 받았다. 그리고 미국에 이민자로 정착한 지 사반세기 만에 미 연방정부 최고위 공직자가 되었다.

　그의 값진 결실은 혼자 일군 것이 아니다. 그 뒤에는 아내 석은옥씨의 눈물어린 내조가 숨어 있었다. 대학교 1학년이었던 은옥씨는 자원봉사자로 영우씨를 처음 만났다. 그 후 누나로 6년, 약혼녀로 3년, 그리고 아내로 34년을 그의 손과 발, 눈이 되어 주었다.

이들은 서로 많이 사랑했고, 그래서 결혼했다. 씩씩하고 건강한 아들 둘을 낳았다. 장남은 안과의사가 되었고, 차남은 6년 반 동안 오바마 대통령 선임법률고문을 역임했다.

한평생 장애인으로 살았던 강 박사 부부는 차별과 편견으로 이래저래 고달팠다. 하지만 두 사람이 주고받은 믿음과 사랑에는 그 어떤 장애도 존재하지 않았다.

서로에게 영원한 기쁨의 터전이 된 부부의 사랑 속에서 그 자녀들은 말없이 삶의 가치를 배웠다.

자녀를 행복한 사람으로 성장시키는 8할은
부부의 사랑임이 틀림없다.

# 나의 단점을 대신 떠안은 사람

꽃의 빛깔이 얼룩덜룩

오색가지 빛깔이 있는 것과 마찬가지로

사랑도 뿌리는 하나이지만, 그것이 나타나는 데에 있어서

상대하는 작용이 천태만상의 작용을 할 수 있습니다.

이것이 사랑입니다.

슬픈 사람을 대하면 그 사랑의 마음은 슬퍼지고,

기쁜 사람을 대하면 그 사랑의 마음은 기뻐지는 것입니다.

상대에 맞추어 나타날 수 있는 것이 사랑입니다.

『천성경, 300』

세찬 풍랑에 표류하는 배처럼 가정이 흔들리고 있다. 경제협력개발기구(OECD) 회원국 중 한국은 수년째 이혼율 1위를 달리고 있다.

보건사회연구소가 밝힌 이혼 사유를 보면 배우자의 외도, 성격 차이, 학대가 주류를 이루고 있다. 상대에게 처음 가졌던 믿음과 신뢰와 사랑이 연기처럼 흩어지고, 부풀었던 풍선에 바람이 죄다 빠져버린 것이다.

잭 캔필드의 『영혼을 위한 닭고기 수프1』에는 독일 작곡가 멘델스존의 할아버지 모세 멘델스존 이야기가 나온다.

작은 체구에 꼽추인 모세가 한 상인의 집을 방문했다가 그 집의 딸 프롬체를 보고 첫눈에 반했다. 프롬체는 모세를 흉측히 여겼다.

모세는 남자가 세상에 나올 때 신(神)이 그 짝을 정해주는데, 자신에게는 곱사등 신부를 주시겠다고 했다고 말했다. 그래서 여자에게 곱사등은 비극이니 차라리 자신을 꼽추로 만들고 신부에게는 아름다움을 달라고 간청했다고 말했다. 모세의 말에 감동한 프롬체는 그의 아내가 되었다.

결혼 초기부터 배우자의 외모나 성격 등에 토를 다는 사람은 거의 없다. 어디 하나 나무랄 데 없고 사랑스럽기만 하다. 그러나 어느 순간 그것들이 단점으로 보이기 시작한다.

상담심리학자들은 부부가 서로에 가지는 이유 없는 긍정 시선의 유효 기간이 보통 1년, 최대 3년이면 바닥난다고 말한다. 결혼생활 5년 이내 이때가 가장 위험한 순간이며, 장기화되면 언제든 터질 수 있는 화약고가 된다.

그럴 땐 모세 이야기를 떠올려보자. 신이 내게 주려던 단점을 어쩌면 나의 배우자가 대신 떠안고 있을지도 모를 일이다.

아마도 그것은 추측이 아닌
사실의 영역일 것이다.
그래서 그 단점을 내 대신 끌어안고
오늘도 정말 수고하고 있는 배우자에게
마음 깊이 감사하자.

# 부부의 맞절

돈을 중심삼고 하나 되는 것이 아닙니다.

밥 먹고사는 것을 중심삼고 하나 되는 것이 아닙니다.

한집에 사는 식구라고 해서 다 하나 되는 것이 아닙니다.

거기의 높고 낮음을 극복하고 넘어서서

정을 중심삼고 하나 되어야 합니다.

사랑을 중심삼고 하나 되어야 합니다.

『천성경, 485』

직업학교에서 재취업을 준비하는 한 중년 남자가 있었다. 기업에 다니고 있던 그는 퇴직을 앞두고 있었다. 하루는 직업학교 강사가 수업 중 이렇게 말했다.

"취업 준비도 중요하지만 부부 사이가 좋지 않다면 그것부터 원만히 만들어야 합니다"

그러면서 "상대를 정녕 존중하는 마음이 생기지 않거든 마주보고 백 번씩 맞절해 보라"고 경험 섞인 조언을 했다.

당시 이 남자는 아내와 깊은 불화로 법원에 이혼 서류를 접수한 상황이었다.

강사 말대로 마지막 인사라는 마음으로 남편은 아내에게 절하기 시작했다. 처음에 아내는 미쳤냐며 단호히 거절했다. 남자는 다음날, 그 다음날도 아내에게 절을 했다.

외면했던 아내는 어느 날 남편 앞에 제대로 앉아 절을 받았다. 남편은 하염없이 눈물을 흘렸다. 아내에게 모질게 했던 말과 행동들이 하나하나 기억났기 때문이다.

아내도 울었다. 그리고 남편을 향해 아내도 맞절을 했다. 싸늘했던 집안에 다시 온기가 돌았다. 집이 싫어 멀리 떠났던 자녀들도 돌아왔다.

서로의 부족함을 메우고
행복한 가정을 만들 수 있는 방법은 단 하나,
오직 사랑뿐이다.

# 반쪽의 소중함

아내가 남편을 완전히 사랑하려면

남편으로부터 완전히 사랑받았다고 하는 그날에 가서야

'남편을 진짜 사랑하겠다' 이렇게 됩니다.

완전히 사랑받게 될 때에 완전히 주기 시작하는 것입니다.

그것이 천지의 원칙입니다.

주체로부터 완전히 받아야만 완전히 돌려주는 것입니다.

그것을 받기 전에 돌려주기 시작하면

완전한 것이 돌아오지 않습니다.

그것이 사랑을 중심한 수수작용,

원리원칙을 중심삼은 우주의 원칙입니다.

『천성경, 85』

3차원 물질세계에서는 믿기 힘든 내용이다. 하지만 4차원 영(靈)의 세계를 감각하는 영매인(靈媒人)들의 말을 요약해보면 실감나는 말이다. 이승 사람의 눈에는 사후세계가 안 보이니 죽으면 그만이라 생각하겠지만, 저 세상 사람 입장에선 공간만 다를 뿐 멀쩡히 살아있다는 것이다.

　그러니 부부가 사별 후 지상에 남은 쪽이 재혼을 하면 저승에 살고 있는 배우자가 볼 때는 동의 없이 한 살림 더 차린 것밖에 되지 않는다.


　이중섭(1916~1956년) 탄생 100주년을 맞아 2016년 5월 국립현대미술관에서 그의 그림들이 전시됐다. 화가로서의 천재성도 뜨겁게 조명됐지만 아내 야마모토 마사코를 향한 애틋한 사랑은 더 많은 감동을 안겼다.

　이중섭은 야마모토와 1945년 고향 원산에서 결혼했고 아들 둘을 낳았다. 운명 같은 만남은 짧았다. 건강이 좋지 못한 탓에 아내는 아이들을 데리고 1952년 일본으로 떠났고, 이중섭만 홀로 남겨졌다.

한·일간 국교 단절로 오가기도 힘들었다. 아내와의 재회를 꿈꾸며 그는 많은 그림을 그렸고 200여 통의 편지를 보냈다.

그리워하는데도 다시 못 만나는 삶….

1956년 그는 홀로 세상을 떠났다.

이중섭의 삶은 아내를 통해 영원했다. 야마모토는 이중섭과 7년간 살 맞대고 살았던 그 사랑의 힘으로 두 아이를 키워냈다. 그리고 일생을 수절했다. 1953년 남편이 잠시 다녀간 도쿄 집에서 그녀는 평생을 살았다. 현관 벽에는 남편의 그림 '부부'가 여전히 곱게 걸려 있다.

곁에 있는 남편, 아내의 소중함을 얼마나 느끼며 살고 있는가. 가장 소중한 사람을 때때로 가장 홀대하지는 않았는지 두려운 심정으로 되돌아본다.

인간을 지은 창조주 하나님은 자신을 반쪽은 남편, 반쪽은 아내의 모습으로 드러냈다고 성경은 말하고 있다.

배우자는 신의 반쪽이며 나의 반쪽이다.
소중한 사람이다.
진정 사랑하자.

# 공감

사랑하는 상대를 위해서는
내 생명을 바치려고 하고,
자기 모든 것을 과거·현재·미래를
몽땅 희생하더라도 그 사랑과 하나 되려고 합니다.
그렇기 때문에 하나님 자체의 생명까지
부정시킬 수 있는 것이 참사랑의 힘입니다.
화합하고 상대자 입장에서 주고받을 수 있는,
서로서로 위할 수 있는 사랑이 없게 되면 평화의 세계,
하나의 세계는 안 되는 것입니다.

『천성경, 69』

사단법인 '행복공장'이 주최한 연극 『아름다운 아이들 2014』는 2014년 11월 서울소년원 대강당에서 열렸다. 전문가의 도움을 받아 소년원생들이 자신들의 실제 이야기를 바탕으로 직접 대본을 썼다.

관객도 즉석에서 함께 참여할 수 있게 상황을 제시한 이 연극은 그 안에서 모두가 스스로 재미와 공감과 성찰을 도모해 갈 수 있도록 만들었다는 높은 평가를 받았다.

본드를 흡입하고 있는 아들 모습을 목격했다고 하자. 이때 아버지는 어떤 행동을 취할까? 때리기, 설득하기, 경고하기, 훈계하기 중 하나를 택할 것이다.

객석에서 한 소년이 올라와 아버지 역할을 자원했다. 이 아버지는 난데없이 "사진 찍고 목욕탕이나 같이 가자"고 했다. 그러면서 "직장도 없이 빈둥거리다 네게 소홀했다. 무심했던 거 미안하고 아빠도 술 끊을 테니 너도 본드 끊어라!"고 말했다.

아버지 역할 했던 소년 역시 과거 소년원생이었다. 그는 자신이 아버지와 해보고 싶은 것이 사진 찍기와 목욕탕 가기라고 했다. 객석 곳곳에서 소리 없는 눈물이 볼을 타고 흘러내렸다.

사람 사이에 일어난 문제 중에 정확한 답이 있을까.
아이 문제가 발생하면 부모 마음은 다급해진다.
즉석에서 답을 제시하고 지시를 한다.
그러나 듣는 아이는 부모의 그 말에
온전히 수긍하고 따를 수 있을까.

오나가나 자녀 둔 부모들은 속병을 앓는데,
그러기는 자녀들도 마찬가지다.

백 마디 말보다 때론 상대방 입장에서
말없이 공감해 주는 것이 대화다운 대화,
그것이 하나 되는 진정한 방법이 아닐까 싶다.

## 사랑의 품

사람이 왜 태어났느냐? 사랑 때문에 태어났습니다.

사랑의 열매를 맺기 위해서 부모로부터

사랑에 의해 태어나 사랑의 품에서 성숙하는 것입니다.

사랑으로 하나 될 수 있는 것입니다.

우주를 주고도 바꿀 수 없는 무한한 가치의 기준이 사랑입니다.

모든 것이 완성으로 벌어지는 곳입니다.

그런 곳이 오늘날 인간이 가야 할 이상세계입니다.

『천성경, 704』

세상에 일찍 나온 미숙아들 중에서 엄마가 피부 접촉을 자주 해줬을 때가 그렇지 않은 경우보다 31% 가량 체중이 증가된 것으로 밝혀졌다. 엄마와 자궁에서 한 몸 이뤘던 그 촉감을 스킨십으로 다시 느끼면서 평안과 안정을 되찾기 때문이다.

어린아이 두고 맞벌이 하는 집들이 늘고 있다. 이 때문에 아침부터 늦은 오후까지 보육시설에 맡겨진 아이들이 많다. 초등학생들도 '방과 후 교실'과 학원을 전전하는 경우가 많다. 일손 모자란 보육시설들은 규정보다 더 많은 아이들을 한 반에 넣어 돌보기도 한다.

부모들 바람과 달리 하루 종일 있으면서 아이가 보육 선생님으로부터 스킨십다운 스킨십을 제대로 받아볼 확률은 대단히 미약하다.

머릿속에 담아둔 수많은 지식도 시간이 지나면 결국 흐릿해진다. 그러나 피부로 느낀 촉감은 생생한 지식이 되어 고스란히 몸에 스민다.

그런 맥락에서 어린 시절 부모와 나눈 스킨십은 인성과 정서 발달에 그대로 직결된다. 부모의 따뜻한 포옹은 착한 마음, 대인관계의 활력소, 자존감 등을 극대화시킨다.

그걸 알아도 현실이 따라주지 않는데 어떡하느냐는 부모들이 많다. 양으로 안 되면 질로써 승부해야 한다.

밤에도 스마트폰·게임기·TV를 쳐다보는 아이들이 많다. 아이가 그걸 좋아하기 때문에 본다고 생각하면 오산이다. 부모가 다가오지 않기 때문이다.

자식 사랑 중에 때를 놓치면 안 되는 게 스킨십이다.
많이 안아주고, 많이 뽀뽀해 주자.

# 아빠야 약해지지마

부모가 자식을 사랑하는 데는 끝이 없다는 것입니다.
부모가 자식을 있는 정성을 다하여
잘 먹이고 잘 입히고 안팎으로 걸릴 것 없이 키웠는데,
만약 그 자식이 죽었다면 '난 너를 위해서 다했다'라고
말할 수 있는 부모는 없습니다.
사랑의 길이란 진정 좋은 것을 주고도
부끄러움을 느끼는 것입니다.
좋은 것을 주고도 그것을 자랑의 조건으로 여기는 것이 아니라
머리를 숙이면서 부끄러움을 느끼는 것이 사랑입니다.

『천성경, 277』

경제가 어려워지면 어머니는 시장 보기를 두려워한다. 경제가 어려워지면 아버지는 반찬값 걱정하는 아내의 그 얼굴을 걱정하고, 가족 모두의 밥을 걱정한다. 이 사태는 감정의 영역이 아니라 생명의 영역이다.

그래서 남자에서 아버지가 되는 순간 가족을 신앙으로 여기는 모든 아버지들은 밥벌이에 목숨을 건다. 그 삶은 기도만큼이나 숭고하다.

뚱뚱한 아버지건, 빼빼 마른 아버지건, 대머리 아버지건, 얼굴에 검버섯 핀 아버지건, 하얀 와이셔츠 입은 아버지건 이 땅의 아버지란 아버지는 모두 아버지로서의 길을 가야 한다.

피할 수 없는 그 준엄한 아버지의 길을 자식들이 알아채고서 어느 날 속 깊은 얘기할 때, 아버지들 가슴에선 숨넘어가는 눈물이 쏟아진다.

20대 초반의 젊은 가수 정은지는 아버지를 생각하며 노래 '하늘바라기'를 만들었다.

외국에서 일하고 있는 아버지를 위한 생일 선물로 이 노래를 들려주고 싶은 것이 동기였다. 가사에는 아버지를 헤아리는 마음이 애틋이 담겨있다.

가장 큰 하늘이 있잖아

그대가 내 하늘이잖아

후회 없는 삶들 가난했던 추억

난 행복했다

아빠야 약해지지마

빗속을 걸어도 난 감사하니깐

아빠야 어디를 가아 당신의 마음처럼 살 수 있을까

가장 큰 별이 보이는 우리 동네

따뜻한 햇살 꽃이 피는 봄에

그댈 위로해요

그댈 사랑해요

그대만의 노래로

아버지의 삶은 365일 정처 없다. 그 고단함을 온몸으로 밀고 나갈 수 있게 해 주는 것 중 자식의 따스한 말 한마디 이상 좋은 것이 없다.

자식들이여!
문득 수척해진 아버지의 어깨가 보이거든
여느 때보다 더 깊은 사랑으로 "아버지~" 하고 불러보자.
오늘도 아버지는 그대의 해맑은 얼굴을 가슴에 담고
세상으로 나간다.

# 자녀 사랑의 도(道)

자녀는 미래의 왕권을 전수받습니다.
여러분은 큰 나라의 왕으로 보내기 위해
왕손을 기르고 있다는 마음을 가져야 합니다.
태어났을 때에 참부모가 되고 참스승이 되어서
참주인의 자리에 세우려고 하는 것이
인류의 모든 부모와 국가가 바라는 소원입니다.
자녀는 미래의 왕입니다.

『천성경, 556』

1949년부터 1961년까지 250만 명에 이르는 동독의 기술자·전문 직업인·지식인들이 서독으로 이동했다. 공산 치하가 아닌 민주 세계에서 살기 위함이었다.

그런데 구름떼 같은 이 행렬을 오히려 역행해서 1954년 동독으로 옮겨간 한 가정이 있었다. 호르스트 카스너 목사 가정이다.

서독에서 단란한 생활을 하고 있던 어느 날 카스너 목사는 동독에서 목회할 것을 결심했다. 분단으로 동독에 편입된 그의 고향 브란덴부르크 주 지방에 복음을 전하기 위해서였다. 그러나 뜻한 바와 달리 종교의 자유가 허락되지 않은 정치적 상황으로 통일 전까지 그의 목회 활동은 많은 고난이 수반됐다.

동독으로 향할 당시 이들 부부에게는 생후 6주 된 딸, 앙겔라 메르켈이 있었다. 자유 없는 삶 속에서도 카스너 목사는 딸을 신앙적 토대 위에 바르게 양육하기 위해 애썼다.

훗날 메르켈은 물리학 박사학위를 취득하고 양자물리학자의 길을 걸었다.

1989년부터는 동독 민주화운동에 적극 개입했다. 1990년에 보수 정당인 기독교민주연합에 들어갔고, 그로부터 15년 후 독일 최초 여성 총리가 되었다. 포브스는 그녀를 세계에서 가장 영향력 있는 여성 지도자 1위에 선정했다.

저출산 시대에 금지옥엽처럼 키워지는 아이들이 많다. 비싸고 좋은 것 해주는 것도 모자라서 아이가 공공 이익을 저해하고 타인에게 해를 끼쳐도 모른 체하는 부모들이 있다.

이렇게 자란 아이가 집 밖 너머 사회, 국가에 대해 어떤 이해와 개념을 가질까 걱정스럽다. 대부분 자녀의 인격과 성품은 부모의 삶과 철학에 입각해 있다.

진정 자녀를 사랑한다면
먼저 부모 자신의 삶을 바로 세우고,
정도(正道)를 가르쳐야 하지 않을까 싶다.

# 참된 선행

창조의 기원은 사랑을 중심삼고 위하는 논리입니다.

대상을 위하여 투입하는 것이 위대합니다.

여기에서 '위하여 살라!'라는

생활철학이 나옵니다.


완전투입을 하면서 가는 길 외에는

참된 사랑의 길을 만날 수 없습니다.

그것은 완전히 투입하고

완전히 위하는 데서만 가능하기 때문입니다.


『천성경, 270』

1985년 11월 14일 전제용 선장은 1년간의 조업을 끝마치고 부산으로 돌아가는 참치 어선을 이끌고 있었다. 부산 도착까지는 앞으로 열흘.

말라카해협을 지날 때 거친 파도 속에서 난파선이 발견됐다. 구조를 갈망하는 십여 명은 절규했다. 말로만 듣던 베트남 보트피플(boat people)이었다.

회사는 난민선을 만나면 무시하라고 강조했다. 지시대로 전 선장은 부산행에만 집중하며 항로를 설계했다.

그러나 '내 부모·형제라면 내버려둘 수 있는가'라고 마음에서 물어왔다. 고민 끝에 30분을 되돌아가 보트피플에 접근했다. 난민선은 침몰 위기였다. 갑판 위 16명이 전부인 줄 알았는데 그 아래로 노인·환자·어린이 등 80명이 물건처럼 겹겹으로 포개져 있었다. 한국에 타전하니 수용을 불허했다.

전 선장은 말했다.

"저는 이 사람들을 내버려둘 수 없습니다."

부산 도착 직후 그는 파면 당했다. 국가기관으로부터 강도 높은 조사도 받았다.

난민들은 임시수용소에 머물다 1년 반 뒤 미국으로 보내졌다.

당시 보트피플 대표였던 피터 누엔은 간호사로 정착한 뒤 전 선장을 수소문했다. 그러나 숨다시피 고향에 내려가 평범한 어민이 된 전 선장을 찾는 것은 어려웠다.

무려 17년이 흘러서야 두 사람은 눈물의 상봉을 이뤘다. 미국 언론은 25척의 배들이 외면한 보트피플을 26번째 전 선장의 배가 이들을 구했다고 대서특필했다.


차별이 있는 선행은 참되지 않다고 했다.
우월한 자만이다.
참된 선행은 조건이 없고, 계산이 없다.
다만 절절함 속에서 이루어질 뿐이다.
지금 우리의 선행은 어디에 입각해 있는가.

# 한 사람, 한 우주

오늘날 세상에 나가 보면 할아버지 할머니,

어머니 아버지, 형제들 같은 사람이 사방에 널려 있는데,

그 세계인들을 자기 집에서 사랑하던 것처럼

사랑하고 살아야 됩니다.

배고프면 먹여 줄 줄 알고, 어려우면 도와줄 줄 알고,

내가 그럴 수 있는 사람이 되어야 합니다.

이 땅 위에 태어나 저 세계의 사랑의 박자에 맞게끔

준비하는 생활을 하는 것이 육신생활입니다.

『천성경, 773』

재래 장터에서 노점상 했던 한 할머니가 있었다. 여든을 앞둔 그녀는 6·25전쟁 때 월남해 청주에 자리 잡은 이후 평생 모은 1억 원을 2013년 충북모금회에 전달했다.

흰 고무신 신고 시장 바닥을 누볐던 그녀는 모금회를 방문할 당시 자신의 이름과 나이를 알리지 않았다.

"어려운 곳에 잘 써달라"는 말만 신신당부했다.

충북 '아너 소사이어티(거액 기부자회)' 여덟 번째 회원이자 유일한 익명자였다. 아너 소사이어티 명예의 전당에 가끔 들러 흐뭇하게 미소 지었던 그녀는 그로부터 3년 후 세상과 작별했다.

아너 소사이어티는 5년 이내 1억 원 이상 기부한 사람을 정회원으로 인정한다.

대한민국 아너 소사이어티 제1호는 유닉스리아 남한봉 대표다. 하반신 마비에도 불구하고 옹골차게 사업을 번창시킨 그는 여전히 이웃사랑에 앞장서고 있다.

2호 회원은 청각장애와 지체장애를 안고 있는 한맥도시

개발 류시문 대표다. 자수성가한 그는 장애인 복지시설을 설립하고 30억 원 넘게 기부했다.

터프가이 배우 김보성은 연예계 기부천사로 유명하다. 선글라스를 쓴 강인한 인상과 달리 눈물 많은 그는 소아암 어린이 돕기, 헌혈 운동, 연탄 나눔 등 자신이 할 수 있는 일이면 어디든 달려간다.

제2차 세계대전을 배경으로 한 영화 '쉰들러 리스트'에서 유대인 대표 슈텐은 자신들을 구해준 쉰들러에게 깊이 감사하며 은반지를 건넨다. 그 반지엔 "한 사람을 구함은 세상을 구함이다"라는 탈무드 격언이 쓰여 있었다.

'내 도움이 얼마나 보탬 되겠어?'라고 생각할 때가 있다.
자신을 너무 과소평가하는 것이다.
신(神)은 모든 인간을 완벽한 소우주로 창조했다.
그러므로 한 사람을 돕는다는 것은
한 우주를 돕는 것이다.

# 따뜻한 가슴

통일원리와 창세기를 보면,

모든 만물은 전부 사람을 위해서 지음 받았다고 되어 있습니다.

우리가 바라는 이상세계도 사람을 위해서 있는 것입니다.

그렇기 때문에 사람을 사랑하고

사람을 위할 줄 아는 세계가 천국입니다.


천국이 따로 있는 것이 아닙니다.

사람을 위하고 사람을 사랑할 줄 아는

사람들이 사는 세계가 천국입니다.


『천성경, 501』

선조 임금의 명을 받아 『동의보감(東醫寶鑑)』 편찬에 들어간 허준(1539~1615년)은 3가지 큰 원칙을 세웠다.

첫째, 병을 고치기에 앞서 수명을 늘리고 병이 안 걸리도록 하는 방법을 중요하게 여긴다.

둘째, 무수히 많은 처방들의 요점만 간추린다. 중국 의학서들과 조선 의학을 일목요연하게 정리하여 병의 예방, 정확한 진단 및 처방에 힘쓴다.

셋째, 국산 약을 널리 쉽게 구해 쓸 수 있도록 약초 이름에 백성들이 부르는 이름을 한글로 쓴다.

굶주림과 전염병이 창궐했던 임진왜란 당시 백성들은 가엾게 헐벗었다. 그들은 스스로 삶의 길을 찾아야 했다. 허준은 그런 백성에 대한 시린 연민 속에 그들의 숨 터에서 그들의 언어로 『동의보감』을 써내려간 것이다.


빅토르 파파네크(1927~1998년, 오스트리아)는 미국에서 디자인과 건축을 공부했다. 그는 일생을 가난한 사람들·장애인·어린이·여성 등을 위한 디자인에 힘썼다.

인도네시아 발리에서 화산 폭발이 났을 때 그 소식을 알릴 수 있는 라디오만 각 가정에 있었어도 피해가 줄 수 있었음을 파악하고, 원주민들을 위한 특별한 라디오를 제작했다. 원가는 단돈 9센트다. 관광객들이 마시고 버린 빈 깡통을 이용해 세상과 연결되는 가장 아름다운 라디오를 만들어 낸 것이다.

똑똑한 머리만 있고 인류애가 없으면 그것만큼 재앙이 없다. 나만 잘 살고 내 회사, 내 나라만 잘 되겠다는 이기주의적 역사는 수많은 사람을 아프고 눈물짓게 했다.

고도화된 물질문명만큼
인류에게 절실한 것은 따뜻한 가슴이다.
그 따뜻함을 이해할 수 있는 사람들이 많아질 때
세상에는 진정한 평화가 찾아올 것이다.

# 사랑의 길

인간은 어디에서 시작됐느냐?

사랑에서 시작됐습니다.

그러면 인간의 목적은 어디에 있느냐?

사랑에서 시작했으니 사랑의 귀결점을

이루어 연결돼야 합니다.

출발이 사랑이었으니

목적도 사랑으로 도달해야 됩니다.

『천성경, 1324』

가정연합 문선명·한학자 총재 부부는 하나님 계시 따라 여수에서 해양섭리를 전개했다.

하늘 사랑이 여수에 깃든 이유에 대해 문 총재 부부는 손양원 목사의 위대한 정성과 사랑이 섭리의 귀한 조건이 되었을 것이라고 말했다.

일제시대 신사참배 거부로 모진 옥고를 치렀던 손양원 목사는 버림받아 오갈 데 없는 한센병 환자들의 마지막 보호자였다.

해방 이후 김구 선생은 자신이 운영하던 학교에 교장으로 와 줄 것을 손 목사에게 요청했다. 한센병 환자들의 썩어가는 다리를 붙들고 직접 입으로 고름을 빨아내던 손 목사는 "제가 있어야 할 곳은 이곳"이라며 교장 직에 아무런 관심을 보이지 않았다.

'여수·순천 10·19사건' 당시 그는 사랑하는 두 아들을 좌익계 학생이 쏜 총탄에 잃는 비운을 맞았다.

슬픔도 잠시. 손 목사는 계엄사령관을 찾아가 두 아들을 죽인 살인범을 사형집행 바로 직전 가까스로 살려냈고 양아들로 삼았다.

6·25전쟁 땐 교인들의 거듭된 간청으로 피란 선박에 올랐지만 다시 내려서 교회를 지켰다.

1950년 9월 28일 밤 11시 그는 공산군 총에 최후 순간을 맞고 조용히 운명했다.

가장 처절하고, 가장 어둡고, 가장 절망적인 순간에도 깊은 감사함으로 사랑의 길을 포기하지 않았던 손양원 목사.

그는 사랑으로 시작해서 사랑으로 끝을 맺은 사랑의 원자탄, 사랑의 성자였다.

미움과 증오가 만연한 오늘의 대한민국에
그의 위대한 사랑이 용서의 꽃으로
아름답게 피어나길 소원한다.

# 형제를 위하여

형제가 형제를 품고,

형제가 형제를 대신하며,

친구를 위하여 죽음의 길로 나설 수 있는

마음들이 생겨나야 합니다.

만민을 구하겠다는 박애정신으로

세계 인류와 친할 수 있는 마음들이 나타나야 합니다.

그래야 새로운 생활 터전이 이루어지는 것입니다.

『천성경, 927』

책 『탈북 그 후, 어떤 코리안』에서 밝히고 있듯 탈북자들은 중국·태국·미얀마·라오스 등 1만km가 넘는 생사의 갈림길을 지나 꿈에 그리던 한국에 들어온다.

한국에는 2만여 명이 넘는 탈북자들이 '새터민'이라는 이름으로 살고 있다. 새터민들은 정착 지원금과 주거지를 한국 정부로부터 지원받고 비교적 안정적인 출발을 한다.

그럼에도 상당수가 탈북 할 때 받았던 위험과 고통보다 더 큰 상처를 남한에서 받는다며 또다시 난민이 되어 한국을 떠나고 있다.

배고픔과 자유 때문에 탈북 했는데 또 다른 고통이 이들을 기다리고 있었다. 그들은 이것을 '차별'이라고 말한다.

탈북 가정의 자녀들은 학교에서 "넌 어디서 태어났니?" "말투가 왜 그러냐?" 등 갖가지 차별적 질문에 소외와 왕따를 당하고 있다.

한국에서 겪은 탈북자들의 경험과 생활상은 중국에서 남한 입국을 소망하는 또 다른 탈북자들과 북한 거주 인민들에게 빠르게 전해지고 있다.

그래서 최근 일부 탈북자들은 처음부터 한국이 아닌 영국·프랑스·캐나다·미국 등을 정착지로 선택하고 있다.

요즘 사회 곳곳에서 통일기금 조성 운동이 전개되고 있다. 통일을 위한 재원 마련이 중요함은 두말할 나위 없다.

하지만 미리 와 있는 통일의 형제들을
마음 깊이 보듬고 사랑하는 것이야말로
통일한국을 위한 진정한 준비가 아닐까 생각해 본다.

# 불꽃같은 삶의 기도

진정한 사랑의 심정을 갖고 약속할 수 있는

자리에서 기도드려야 합니다.

한번 기도하고 30년 40년 기다릴 수 있는

간절한 마음을 가져야 합니다.

30년 40년 지나서도 잊어버리지 않는 간절한 마음으로

기도하고 기다려 보십시오. 이루어집니다.

많은 기도가 필요 없습니다.

『천성경, 878』

"인자 팔아라."

"뭘요?"

"가게."

"아이고, 이제 당신도 철들었네요."

"인자는 못 오시겠지. 너무 나이 드셔갖고…."

영화 『국제시장』에서 덕수와 아내의 대화다.

6·25전쟁 때 흥남에서 덕수는 아버지와 헤어졌다. 부산 국제시장에서 덕수는 50년 넘도록 '꽃분이네'란 가게를 지켰다.

"가게 팔라"는 자식들과 도시개발업자의 질긴 설득도 애써 외면한 것은 가게 이름 보고, 피란길에 헤어졌던 아버지가 찾아오진 않을까 하는 한 가닥 간절한 소망 때문이었다.

문선명 총재는 종교 지도자이면서 철저한 승공주의자로 한평생을 살았다.

북한은 그를 '죽음의 수용소'라 일컬어진 흥남노무자특별수용소에 가둬 죽이려 했다. 소련은 비밀경찰 KGB를 동원해 수차례 암살을 계획했다.

그런 소련에 문 총재와 아내 한학자 총재는 고르바초프 대통령을 앞세워 개혁·개방정책을 지원했고, 기아 사태를 막기 위해 북한에는 막대한 자금을 투입해 자동차 조립공장, 호텔 등을 짓고 남·북 간, 북·미 간 화해 및 교류의 물꼬를 텄다.

평화세계 창건을 위해 문 총재 부부는 일생 기도했다. 민주와 공산이란 대립된 이념 너머 송두리째 주고 싶은 참사랑을 도모했던 그들 부부는 삶 자체가 곧 기도였다.

지구촌 유일한 분단지역 한반도. 70여 년 세월 155마일 그 시린 철책선은 1천만 이산가족 눈물 위에 지금도 우뚝하다. 그러나 곧 무너질 것이다.

문 총재 부부의 삶의 기도가 계속되고 있다.
한반도 평화, 신통일한국이 벼락처럼 다가올 것이다.

## 2부
## 값진 삶

# 거울보기

주관의 본질은 사랑입니다.
그 사랑의 본질에 접할 수 있는 나 하나의 생명적인 요소가
완전히 주체 앞에 대상적인 가치를 지니게 될 때는
그 대상의 가치는 주체의 가치에 해당합니다.
그 대상의 가치는 원인과 대등한 자리에 설 수 있습니다.
그 말은 마음 앞에 우리의 몸은
언제나 대상의 가치를 지닌다는 것입니다.

『천성경, 290』

최경주 선수는 2002년 미국 PGA 투어 컴팩 클래식에서 한국인으로서는 최초이자 동양인으로는 3번째로 우승을 차지했다. 2007년 메모리얼 토너먼트 우승을 비롯해 총 8회 PGA 우승을 기록했다. 이런 우승 기록이라면 타고난 골퍼가 아닐까 생각이 든다.

어느 강연에서 최경주는 "사람은 줄을 잘 서야 한다"는 말로 청중을 웃겼다.

어린 시절 그는 골프와 전혀 관련이 없었다. 골프 선수가 되어야겠다고 마음먹은 적도 없다.

그는 전라남도 완도군 섬마을 토박이다. 초등학교 때는 축구, 씨름 등을 잘했다.

중학교 입학식 날 선생님이 "역도하고 싶은 사람 앞으로 나와!" 하는 말에 그냥 앞으로 나갔다. 아이들 12명이 모였다. 선생님이 임의로 6명씩 두 줄을 세웠다. 그런데 한쪽은 역도부, 다른 한쪽은 골프부였다. 최경주의 줄은 골프였다.

"아이씨! 골프가 뭐야!"

2부 값진 삶

최경주는 역도부 쪽으로 슬그머니 옮겨갔다. 선생님이 최경주에게 원위치를 지시했다.

이것이 그가 골프와 인연 맺은 계기다. 섬마을에서 한 번도 본 적 없고 들은 적 없는 골프라는 것을 그는 그때부터 좋아하게 됐다. 너무나 신나서 밤새워 바닷가 모래밭에서 연습했다.

미국 진출 후 돈이 없어 레슨을 받을 수 없던 시절에 그의 스승은 '거울'이었다. 거울을 보면서 스윙동작 연습을 했는데 자세가 어떻게 잘못됐는지 원인을 잘 발견할 수 있었다고 한다.

관상 이론에 따르면 마음을 어떻게 먹느냐에 따라 얼굴도 변한다. 이치에 맞는 말 같다. 사람이 죽으면 살아온 삶에 따라 저 세상에서 어디 가서 살지가 결정 난다고 하니 마음과 몸은 불가분의 관계일 것이다.

시간이 허락될 때 거울을 오래도록 바라보자.
옷맵시나 화장하기 위해서가 아닌 나의 마음이
어떤 모습을 하고 있는지 알아보기 위해서 말이다.

# 마음 앞에서

마음하고 즐기는 시간을 가져야 합니다.

세상으로 보면 외로운 자리 같지만

마음하고 친구 되는 시간입니다.

앉아서 명상해보라는 것입니다.

깊은 기도의 자리로 들어갑니다.

남모르는 깊은 세계로 들어가는 것입니다.

그런 것이 필요합니다.

『천성경, 384』

프랑스 한적한 어느 시골에는 그 마을과 잘 어울리는 작은 수도원 하나가 있다. 세계 각지에서 입소문 듣고 많은 사람들이 이곳을 방문한다. 마음의 병을 이기지 못해 찾아오는 사람이 대부분이다.

개중에는 이 수도원이 유명해진 특별한 시스템, 콘텐츠가 무엇인가 알아보고자 찾아오는 경영자들도 있다.

놀랍게도 이곳에는 특별한 프로그램이랄 것이 없다. 명상을 이끌어 주는 안내자조차 없다. 고민을 들어주는 상담사도 없다. 수도원 입소 당시 알려준 식사와 취침 시간만 잘 지키면 그만이다. 명상 중 꾸벅꾸벅 졸아도 아무도 간섭하지 않는다. 명상 중이라도 산책하고 싶을 땐 밖에 나가도 된다.

그런데 "한 가지만은 분명히 하라"고 백발 노(老) 수도사는 말한다.

"불현듯 마음이 자신에게 말 걸어오면 그때만큼은 그 마음 앞에 절대 거짓말 하지 마세요."

마음이 알고서 내게 말 걸어오는 것인데 그 순간 솔직하지 못하면 마음이 더 이상 다가오지 못한다는 이유 때문이다.

누가 누구를 가르치는 시대는 빠르게 지나가고 있다.

어느 날 문득 마음이 말 걸어오거든
꾸밈없이 솔직하게 그 마음과 얘기해 보자.
그때 나 자신과의 진정한 소통과 작은 깨달음과
작은 힐링이 시작되지 않을까 생각해 본다.

# 나를 찾아서

고통을 느끼더라도 어떠한 상대적인 세계에서 벌어지는

고통을 느껴서는 안 됩니다.

슬픔과 고통을 느낀다고 한다면 참된 나를 찾지 못한 슬픔,

참된 나를 찾지 못한 고통을 느껴야 합니다.

세상에 슬픔과 고통이 많이 있다 할지라도

참된 나를 찾지 못한 슬픔과 고통보다

더한 고통과 슬픔은 없습니다.

그러므로 완전한 내가 되는 것이

모든 단계의 제일 기준이 됩니다.

『천성경, 837』

대한민국 특수부대원들의 활약과 사랑을 담은 드라마 『태양의 후예』는 27개국에 방영됐다. 드라마 OST도 큰 사랑을 받았다. 특히 윤미래가 감미로운 선율로 부른 '올웨이즈(Always)'는 많은 사람들이 듣고 따라 불렀다.

윤미래가 누구인지 몰랐던 사람들도 이 곡을 계기로 그녀의 노래들을 찾아듣게 되었다.

윤미래는 미국 텍사스 주에서 한국인 어머니와 주한미군 아프리카계 미국인 아버지 사이에서 태어났다. 노래가 좋아 열세 살 때 한국에 왔다. 그러나 기획사에서 "방송에 나가서는 열아홉이라고 말하라" 하여 말할 수 없는 엄청난 양심적 짐을 떠안았다.

검은 피부로 때 아닌 인종차별도 받았다. 그녀는 한국에 와서 많이 마음고생 했고 많이 눈물 흘렸다. 그래도 희망을 잃지 않고 계속 나아갔다.

삶을 진솔히 고백한 '검은 행복'에서 그녀는 이렇게 노래했다.

유난히 검었었던 어릴 적 내 살색

사람들은 손가락질 해

......

세상은 나를 판단해

세상이 미워질 때마다 두 눈을 꼭 감아

아빠가 선물해 준 음악에 내 혼을 담아

볼륨을 타고 높이 높이 날아가 저 멀리

2011년 10월 윤미래는 미국 MTV에서 '전 세계 최고 여자 래퍼 탑12'에 선정됐다.

우리나라 사람들은 주변 시선에 지나치게 많이 신경 쓴다. 참고 정도는 좋지만 주위 사람들의 생각과 판단에 휩쓸리기 시작하면 그때부턴 고통이 온다. 한 번뿐인 소중한 인생이다. 누구 때문에 사는 삶이 되어선 곤란하다.

삶의 주인은 나다. 진정한 자신의 모습과 꿈을 이루기 위해 우직하게 당당하게 걸어가 보자.

# 그럼에도 불구하고

소망의 길, 승리의 인생길을 가야 할 인간이

어찌하여 패배의 길, 멸망의 길을 가고 있습니까?

인간이 그러한 길을 가고 있는 것이

자신의 책임이라고 생각하고

하나님을 대신하여 애절한 마음을 갖고 마음속에서

긍휼의 심정이 솟구치는 사람이 있다면,

그는 가는 길이 고생의 길이라 하더라도

거기에서 승리할 수 있으며 감사하는 생활,

하나님과 더불어 사는 생활을 할 수 있습니다.

『천성경, 338』

『누구나 가슴속엔 꿈이 있다』의 저자 이영숙은 독일에서 의사로 일하고 있다.

가난과 배고픔이 창자를 뒤흔들던 70년대 초반 가족 생계를 위해 '파견 간호사'가 되어 독일로 떠났다. 일곱 딸들 중 맏이였고 겨우 중학교만 졸업했던 당시 나이는 열아홉. 그녀의 꿈은 의사였다.

부지런히 일해서 가족에게 돈 부치기에도 정신없는 삶이었지만 낮엔 학교 다니고 밤엔 병원에서 간호사로 일하며 조금씩 꿈을 키워나갔다.

2년 후 튀빙겐대 의과대학에 합격했다. 같은 대학 독일 남학생을 만나 결혼도 했고, 의사국가고시 준비하면서 귀여운 아들도 낳았다.

소설 같은 시련이 시작됐다. 남편에게 뇌종양이 찾아왔다. 병간호와 육아와 의대 공부, 이 모든 것이 한꺼번에 이루어져야만 했다. 간신히 고통의 터널을 통과했다.

의대를 졸업하고 박사학위까지 받았다. 하지만 남편은 병고를 이기지 못하고 결국 세상을 떠났다. 결혼 5년 만이었다.

마음을 추슬러 병원을 개업했다. 이제 좀 살만한가 싶었다. 그랬더니 남편이 앓았던 뇌종양이 그녀에게 찾아왔다. 사선을 오가는 고통에서 겨우 귀환했을 무렵 새로이 척추암이 덮쳤다.

그녀는 자신의 삶이 평범한 것과는 너무 거리가 멀다고 생각했다. 예외적인 것으로만 가득 찬 것 같아 더욱 슬펐다.

그러다가 문득 이런 생각이 들면서 평온을 얻었다. 매 순간 찾아온 시련마다 자신을 붙들어 주고 일으켜 준 사랑의 끈이 있었음을. 그래서 살아 숨 쉬는 지금 이순간이 너무 감사함을….

사람들 카카오톡 프로필에 '그럼에도 불구하고'라는
문구가 부쩍 눈에 띈다.
슬프고 짜증나고 화날 일이 많지만, 그럼에도 불구하고
감사하겠다는 다짐이라면 보통 내공이 아니다.
그런 마음 자세라면 그 인생은 분명
자신만의 삶과 행복의 가치를 확보한 것이리라.

# 즐겨야 하는 이유

기쁨을 느끼면 하나님이 나에 대해 관심을 갖고

하나님의 사랑권 내에 들어가지만,

이 기쁨을 어떻게 실천하느냐가 과제입니다.

할 수 없어서 하는 것은 안 됩니다.

아무리 힘들어도 재미있고

힘들다는 것이 느껴지지 않아야 됩니다.

생활환경에서 이것을 뿌리박아야 됩니다.

『천성경, 355』

한국 프로야구 전설을 이야기할 때 송진우 투수를 빼놓을 수 없다. 1989년부터 2009년까지 21년간 그는 최고령, 최장 선수로 그라운드를 누볐다. 한국야구 최초로 200승, 100세이브를 이뤄낸 그는 통산 최다승, 최다 탈삼진, 최다 선발등판, 최다 투구이닝 등 모든 기록을 거머쥐었다.

그렇다고 순탄한 야구 인생을 산 것은 결코 아니다. 대학 땐 팔꿈치 통증으로 2년을 쉬었다. 93·94년 시즌에는 10승도 못 거뒀고 97·98년에는 6승이 고작이었다.

공의 속도도 이전보다 느려졌다. 주변에서는 늙었다는 평이 들끓었다. 위기였다. 이런 압박이 오면 되던 안 되던 마음에선 더 힘을 가하기 마련이다.

그러나 그는 젊을 때처럼 이겨보겠다는 투지만 갖고 힘으로 해서는 더 이상 승산이 없다는 것을 깨달았다. 그래서 의도적으로 느리고 느린 공, 그러다가 갑자기 강한 공을 곁들이는 완급조절에 심혈을 기울였다.

이런 노력으로 99년 시즌에 여덟 번의 완투와 함께 15승을 올렸다.

소속 팀 '한화이글스'는 창단 이래 코리안시리즈 첫 우승을 획득했다.

스포츠계에서는 그의 장수 비결을 빠른 회복력, 부드러운 근육, 철저한 자기 관리 등으로 분석했다. 하지만 그가 말한 진짜 장수 비결은 야구 그 자체를 즐기는 것. 즉 즐겨야 잘할 수 있고 즐겨야 오래할 수 있다는 것이었다.

그는 지난 삶에 대해 이렇게 말했다.

"해마다 고비였고 날마다 고비였다."

어쩌면 우리 삶도 해마다 고비고
날마다 고비가 아닐까 생각해본다.
그렇다면 너무 경직돼 있지 말고
재미있게 즐기면서 가보자.
즐겨야 잘할 수 있고 즐겨야 오래 갈 수 있으니까.

# 내 안의 스승

우주의 중심으로서 참된 부모, 참된 스승,
참된 주인의 자리에 있는 참사랑을 가진 주체로 계시는 분의
대신으로 있는 마음이 이 땅 위에서
나 하나를 수습하기 위해 얼마나 희생했습니까?
그렇게 희생하면서도 불평하지 않습니다.
그저 천대받고 끌려 다니면서도 죽은 줄 알았는데
나쁜 생각을 가지고 새벽에 도둑질이라도 하게 되면
'야, 이놈의 자식아!' 하고 또다시 살아서 충고합니다.
여러분이 그런 마음을 얼마나 농락했습니까?
마음은 부모 대신이요, 스승 대신이요, 주인 대신입니다.

『천성경, 60』

20세기 최고 명곡 중 하나로 거론되는 '세상의 종말을 위한 4중주'는 프랑스 작곡가 올리비에 메시앙이 만들었다.

메시앙은 제2차 세계대전 당시 전쟁에 동원됐다가 독일군 포로가 되어 괴를리츠 수용소에 수감됐다. 수용소는 엄격한 규율, 굶주림, 추위가 가득했다. 그럼에도 불구하고 그의 손끝은 음악에 몰두돼 있었다.

총 8악장으로 구성된 이 곡은 그리스도의 영원성(5악장), 그리스도의 불멸성(8악장) 등을 찬양한다.

언제 죽음을 맞을지 알 수 없는 비정상적 수용소. 메시앙은 어떻게 이 곡을 만들 수 있었을까. 아마도 암울한 종말적 상황을 문자적 '끝'이 아닌 새로운 '희망'으로 역발상했던 것 같다.

그는 독일군의 동의를 얻어 악기를 다룰 수 있는 재소자들과 함께 매일 화장실에서 이 곡을 연습했고 1941년 1월 5000여명의 전쟁 포로들 앞에서 연주했다.

이날 재소자들은 죽음의 수용소에서 종말이 아닌 희망을 갖게 되었다.

가끔 내가 처한 상황이 한없이 원망스러울 때가 있다. 지푸라기라도 잡고 싶은 데 그것마저 보이지 않을 때가 있다.
어느 것 하나 바꿀 수 없는 현실에서 그래도 한 가지만은 바꿀 수 있다. 바로 마음이다.

"세상사 마음먹기에 달렸다"는 말이 있다.
절망적이라 여겨질 때 역발상을 해보자.
분명 마음은 나에게 새로운 에너지를 불어넣을 것이고,
주변도 변화시켜 줄 것이다.

## 나에게 오늘이란

마음을 비우고 회개해야 됩니다.
높은 자리에 있는 사람은 진심으로
낮은 자리로 내려가야 합니다.
매사에 이렇게 회개할 수 있는 마음을 갖게 일깨워 주신
하늘 앞에 감사하고 자기 자신을 놓고도
새 출발을 할 수 있게 된 것에 대해 감사해야 됩니다.
오늘 하루도 그동안 책임을 다하지 못한 것을 놓고
최선을 다하게 해 달라고 빌어야 합니다.
감사한 마음으로 살게 되면 주위가 다 아름답게 보입니다.
행복해집니다.

『천성경, 1372』

소주 이름 중에 '처음처럼'이란 것이 있다.

이 글은 진보 지식인 신영복(1941~2016년)에게서 따왔다.

육군사관학교에서 경제학을 가르쳤던 그는 1968년 통일혁명당 간첩 사건으로 1심·2심에서 사형, 3심에서 무기징역을 선고받았다.

대전·전주 교도소 등에서 20년간 복역하다가 1988년 특별가석방으로 나온 후 성공회대 교수로 재직하다가 2016년 1월 세상을 떠났다.

기약 없고 암담했던 수형생활. 비좁은 잠자리에서 옆 사람은 철장 속 동료가 아니라 '삼십칠 도의 열 덩어리' 그 자체였다.

그 무렵 그에게 와 닿은 오늘은 "다만 내일을 기다리는 날이요 어제의 내일이며, 내일은 또 내일의 오늘일 뿐"이었다. 그러나 지난한 세월 너머 다시 바라본 오늘의 의미는 감옥생활 때와 달리 깊고 진중했다.

2007년 출간한 『처음처럼』에서 신영복은 이렇게 말했다.

"처음으로 하늘을 만나는 어린 새처럼
처음으로 땅을 밟는 새싹처럼
우리는 하루가 저무는 겨울 저녁에도
마치 아침처럼, 새봄처럼, 처음처럼
언제나 새날을 시작하고 있다.
산다는 것은 수많은 처음을 만들어가는
끊임없는 시작입니다."

어둠을 뚫고 솟아오른 아침 태양은 모두에게 빛을 전하지만, 그 햇살 아래 오늘을 어떻게 정의하고 살아낼 것인지는 각자의 몫이다. 그래서 오늘이란 전체적인 오늘이자 개별적인 오늘이다.

랄프 W. 에머슨의 말이 생각난다.

"당신이 헛되이 보낸 오늘 하루는 어제 죽어가던 이가 그토록 살고 싶었던 내일이다."

어둠이 가시고 햇살 한줌이 옷깃에 스민다.

나에게 오늘은 어떤 날인가.

# 바로 이 순간, 바로 이곳

여러분 마음은
혼자 하나님을 만날 수 있는 유일한 곳입니다.
하나님도 여러분을 개방된 장소에서 만나는 것을
좋아하지 않습니다.
독특한 인간성, 독특한 사고방식,
독특한 감정을 갖고 있는
개인으로서의 여러분을 만날 수 있는
한 장소를 원하십니다.
그것이 하나님이 인간의 양심을
무형으로 지은 이유입니다.

『천성경, 33』

91세(2016년) 노마 바우어슈미트 할머니는 1년 전 자궁암 진단을 받았다. 그 무렵 남편은 세상을 떠났다. 남은 생을 어떻게 할까 고민하다가 병원 대신 미국 대륙횡단을 떠나기로 결정했다. 노마 할머니 키는 153cm, 몸무게는 45kg.

아들 부부와 여행길에 오른 할머니는 32개주 75개 도시를 돌파해 가고 있었다. 2만1,000km에 달하는 거리다.

노마 할머니는 자신의 여정을 페이스북 '드라이빙 미스 노마(Driving Miss Norma)'에 올렸다. 42만여 명이 아낌없는 찬사를 보냈다.

노마 할머니는 유명 인사가 됐다. 할머니는 각 지역을 돌 때마다 버킷리스트와 같은 여러 가지를 시도했다.

열기구 타기, 승마, 굴과 초록토마토 맛보기, 물개와 입 맞추기….

미 국립공원관리청은 설립 100주년을 맞아 그랜드캐니언·옐로스톤 등 국립공원 기념행사에 할머니를 초청했다.

한 기자가 여행에서 얻은 값진 선물은 무엇이고, 어디가 가장 좋았느냐고 물었다.

노마 할머니는 "바로 이 순간이 가장 소중함을 깨달았고, 바로 이곳이 가장 좋은 곳"이라고 말했다.

킴벌리 커버거의 시 가운데 이런 구절이 나온다.

"지금 알고 있는 걸 그때도 알았더라면 내 가슴이 말하는 것에 더 자주 귀 기울였으리라."

인생의 정수를 맛본 사람들은 하나같이 '지금'의 중요성을 강조한다. 누구의 삶은 푸른 5월에 있고, 또 누구의 삶은 낙엽 지는 늦가을 석양에 있다. 그러나 삶의 여정에 빠르고 늦음이 어디 있을까 싶다.

지금 이 순간이 가장 소중하고,
내가 서 있는 바로 이곳이 가장 좋은 곳이기 때문이다.

노마 할머니가 지금 우리에게 다시 알려주고 있다.

# 어두운 베이스가 들어있는 삶

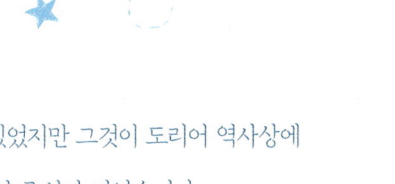

서러운 사정이 있었지만 그것이 도리어 역사상에

추억의 중심이 되었습니다.

흔히 사람들은 좋은 것을 바라고 있지만

좋은 것만이 좋은 것이 아닙니다.

좋은 것은 일상적으로 지나갈 수 있지만,

그 좋은 것을 찾기 위하여 어려움을 극복한 역사는

언제나 좋은 것을 맞이할 수 있는

새날의 약속을 자극시키는

힘의 모체로 남아진다는 것입니다.

『천성경, 1255』

2013년 미국 비영리 재단에서 운영하는 테드(TED) 강연회에서 바이올리니스트 박지혜는 많은 감동을 선사했다. 1985년 독일에서 태어난 그녀는 바이올린 신동으로 불렸다.

14살 때 독일 마인츠음대에 입학했다. 학교는 그녀를 받아들이기 위해 학칙에서 입학 연령까지 수정했다. 넉넉하지 못한 집안 살림과 홀어머니의 끝없는 사랑에 부응하기 위해 미국 유학시절에도 그녀는 하루 16시간 이상 연습했다.

어느 날 외로움과 부담감으로 점철된 지독한 우울증이 찾아왔다. 그녀는 커튼으로 모든 햇빛을 차단했고 방에 틀어박혀 죽음을 생각했다.

그런데 그녀의 마음이 다시 회복된 계기가 있었다. 방문 밖으로 잔잔히 들려온 어머니의 바이올린 연주가 그녀를 치유한 것이다.

그 후 그녀는 노숙자, 재소자, 환자 등 소외된 이웃을 위한 무료 음악선물에 많은 시간을 할애했다. 그러면서 음악은 예전보다 훨씬 더 깊어졌다.

유네스코 평화예술 홍보대사로 활동하고 있는 그녀는
"좋은 음악이란 고음과 중음만 있는 것이 아니라 어두운 베이스가 들어가야 비로소 완성된다"고 말했다.

살면서 걱정과 불안 없는
아름다운 행복을 꿈꾸는 경우가 많다.
그러나 그것이 깊이 있는 삶으로 이어질지 의문이다.
소나기 같은 시련과 방황이 있는 인생은 한편의 음악.
그곳에는 어두운 베이스도 있다.
그래서 더 깊은 울림이 있는 삶이 된다.

## 내가 살아보니까

내가 무엇을 남길 것이냐?

또 말을 할 때에는 그 말을 통해서 무엇을 남길 것이냐?

손이 갈 때에는 내 손이 가서 무엇을 남길 것이냐?

내가 행동할 때에는 무엇을 남길 것이냐?

이러한 것을 다짐해야 됩니다.

그렇기 때문에 힘든 길을 가면서도

무엇을 남길 것이냐를 궁리해야 됩니다.

어려우면 어려울수록

그런 생각에 몰려 들어가는 것입니다.

『천성경, 1039』

장영희 교수는 영미문학자·칼럼리스트·수필가 등으로 살다가 2009년 봄 향년 57세로 세상과 이별했다.

그녀는 태어난 지 1년 만에 소아마비로 두 다리를 전혀 쓰지 못하는 신세가 됐다.

아버지는 딸이 제 힘으로 살아갈 수 있는 유일한 방법은 교육뿐이라며 정규 학교에 보내기 위해 백방으로 애썼다.

어머니는 초등학교 3학년 때까지 이 딸을 업어서 등교시켰고, 화장실 문제로 또다시 두 시간마다 학교를 왕래했다.

장애인에 대한 이해와 배려가 전무했던 시절, 대학교를 마치기까지 그녀는 가파른 비탈길 같은 수많은 편견과 차별을 만났다.

하지만 좌절과 원망대신 늘 웃음꽃을 피웠다. 교수가 되고서는 수업 맡은 제자들의 이름을 모두 외워 친동생처럼 불러줬다.

9년간 암투병 하다가 세상을 떠난 3일후 출간된 장 교수의 에세이집 『살아온 기적 살아갈 기적』에는 이런 내용이 나온다.

"내가 살아보니까 내가 주는 친절과 사랑은
밑지는 적이 없더라."
"내가 살아보니까 남의 마음속에 좋은 추억으로
남는 것만큼 보장된 투자는 없더라."

거리를 나가면 진리를 외치는 사람이 많다. 그러나 진리를 만나기란 쉽지 않다. 진리보다 사실에 가까운 한 가지를 말한다면 언젠가 우리 모두는 죽는다는 것이다.

혹자는 부정할 수 없는 이 사실을 상기할 때 삶이 깊어진다고 말한다. 그 순간이 오면 "내가 살아보니까"란 화두에 어떻게 말하면 좋을까. 오늘도 무심히 마주하고 있는 이 인생 속에서 곰곰이 생각해봐야겠다.

## 행복은 어디서 오나

하나님이 피조세계를 창조한 것은
하나님도 혼자서는 행복할 수 없기 때문입니다.
행복이란 말은 상대적 관계에서부터 시작됩니다.
사랑이란 말도 상대적 관계에서 벌어지고,
좋다는 말도 상대적 관계에서 벌어집니다.

자기 혼자서 행복하다는 사람이 있습니까?
좋다, 사랑한다, 행복하다, 바란다 하는 것은 차원 높은 의미의
상대적 관계를 요구하는 데서 필요한 것입니다.
거기에서 행복 요건의 등위가 결정되는 것입니다.

『천성경, 274』

정신과 의사 프랑수아 를로르는 수십 년간 프랑스 파리에서 사람들의 마음 건강을 돌보고 있다.

그는 많은 사람들이 원하는 행복에 대해 도움을 주고자 소설『꾸뻬씨의 행복여행』을 썼다.

프랑수아는 이 책에서 주인공 꾸뻬가 세계 여행을 통해서 행복을 배워간다는 설정으로 23가지 배움을 소개했다.

몇 가지를 언급하면 다음과 같다.

- ★ 행복의 첫 번째 비밀은 자신을 다른 사람과 비교하지 않는 것이다.
- ★ 행복은 좋아하는 사람과 함께 있는 것이다.
- ★ 불행은 사랑하는 사람과 헤어지는 것이다.
- ★ 행복은 자신이 다른 사람들에게 쓸모가 있다고 느끼는 것이다.
- ★ 행복이란 있는 그대로의 모습으로 사랑받는 것이다.
- ★ 행복은 사랑하는 사람의 행복을 생각하는 것이다.

★ 행복의 가장 큰 적은 경쟁심이다.
★ 행복은 다른 사람의 행복에 관심을 갖는 것이다.

의사 프랑수아는 이 소설을 통해 행복은 자신에게 있지 않고 상대에게 있음을 강조하고 있다.

흔히 말하는 '어딜 가느냐가 중요한 게 아니라 누구와 함께 가느냐가 중요하다'는 것은 상대를 통한 기쁨이 행복에 얼마나 많은 영향을 미치는가를 역설하고 있다.

가정에서 아이가 웃으면 엄마가 웃고,
엄마의 웃음에 아빠가 웃는다.
오늘도 가족을 비롯한 많은 사람들을 만나게 된다.
이들이 바라는 행복이 '나'로 시작될 수 있음을
생각하며 나도 행복하게 밝게 웃자.

# '달과 6펜스' 그 사이에서

여러분의 피와 땀과 눈물은 물로 삼고,

여러분의 살은 모래로 삼고,

여러분의 뼈는 자갈로 삼아야 합니다.

그래서 자기 자신의 기초를 다져야 합니다.

그렇게 해서 다져진 터전은 창조적인 것이기 때문에

천년의 역사가 지나가도 허물어질 수 없고,

또 어떠한 단체가 천년만년 노력해도 허물어뜨릴 수 없습니다.

『천성경, 350』

서머싯 몸의 『달과 6펜스』는 천재 화가 폴 고갱 생애에서 모티브를 얻은 소설이다.

이 소설은 화자(話者)가 주인공 찰스 스트릭랜드의 아내와 아는 관계로 갑자기 가출한 스트릭랜드를 데려오기 위해 영국에서 파리로 떠나는 장면에서 시작된다.

화자는 파리에 가서 스트릭랜드를 만나 가출 이유를 듣고 깜짝 놀란다. 그의 아내가 예측한 것처럼 젊은 여자와 바람나서 도망친 것과는 아무 상관이 없었다.

가장(家長)으로 산 17년 삶을 뒤로 하고 스트릭랜드가 파리에 온 이유는 그림을 그리고 싶다는 오직 그 하나에 있었다.

그는 물에 빠진 사람은 수영을 잘하건 못하건 허우적거리며 헤엄을 칠 수밖에 없는데 그것은 그대로 있으면 빠져 죽을 수밖에 없기 때문이라고 역설한다.

그림에 대한 그의 열망 앞에서 화자는 압도당할 듯한 강렬함과 치열함을 느낀다.

결말에서 스트릭랜드는 남태평양 타히티 섬에 들어가 영혼을 불사를 만큼 절실히 그림에 몰두하다가 불가사의한 벽화를 남기고 한센병으로 생을 마감한다.

소설 제목에서 '달'은 이상과 꿈, '6펜스'는 현실을 상징한다. 인간은 동물과 다르게 가치추구 영역을 확립하고 있다. 이 영역이 온전하지 않으면 삶은 늘 공허하고 목마르다. 붙박이 같은 현실은 매번 삶을 압도한다.

그렇더라도 '시간이 없어서…'라는 말은 '달'을 향해 나아가지는 못한 삶을 부축하기엔 역부족이다. 시간 없기는 어린 아이들도 마찬가지다.

> 하지 않고서는 정말 견딜 수 없는
> 절실한 그 무엇이 있는가.
> 그렇다면 '6펜스'에 너무 얽매이지 말고,
> 절실한 그 무엇 '달'을 향해 나아가자.

# 배움

어느 누구나 배움의 길,

혹은 교육의 길을 따라가는데 그 목적이 무엇이냐?

보다 선한 세계로 전진하기 위해서입니다.

보다 가치적인 내용을 지니기 위해서입니다.

그래서 보다 높은 차원의 전진을 다짐하는 것은

보다 가치적인 중심과 일치하기 위한 것입니다.

간접적이나마 그러한 목적 추구의 길을 간다는 것입니다.

『천성경, 561』

배우 사미자는 KBS 방송 '우리말 겨루기'(2016.11.14)에서 당당히 우승했다. 연예인으로서는 최초로 우리말 명예 달인으로 인정됐다.

우승 비결로 그는 "40대까지 일주일에 한두 권씩 한국 단편소설집을 독파했다"고 말했다.

2년 전부터는 중국어 학원도 다니고 있는데 1시간 전에 미리 도착해 예습한다.

그녀는 특별한 목적이 있어서 배우는 것이 아니라 배우면 기분이 좋아지기 때문에 배운다고 했다.

중국 최표(崔豹)는 "5천 권의 책을 읽지 않은 사람은 이 방에 들어오지 말라(부독오천권서자 부득입차실 不讀伍天券書者 不得入此室)"고 역설했다.

최표의 5천 권은 실제 권수를 뜻하는 것일까?

그만큼 인내하며 노력하고 내가 아는 것이 전부가 아니라는 겸허 속에 끊임없이 배우려는 태도를 갖는 사람을 만나겠다는 의미일 것이다.

드라마 '해를 품은 달'(제2회)에서 왕세자 이훤을 향해 그의 스승 허염은 이렇게 말한다.

"정답이 저하의 마음에 들지 않으면
장난이 되는 것이옵니까?
경전에서 그 답을 찾을 수 없는 문제는
저급한 것이 되는 것이옵니까?
배움에 있어 가장 경계해야 할 두 가지가 있으니
하나는 정답을 안다고 자만하는 오만이옵고,
다른 하나는 자신의 잣대로만 사물을 판단하는
편견이옵니다."

옛부터 배움에는 두 가지 길이 있다고 했다. 하나는 입신출세(立身出世)고, 다른 하나는 바른 삶을 살기 위한 자기 수도다. 어느 쪽을 지향하든 상관없다.

다만 '인인인인(人人人人)'을 늘 염두에 두고 살자.

이것의 의미는 다음과 같다.

첫째, 사람이면 사람이냐 사람다워야 사람이지.
둘째, 사람 위에 사람 없고 사람 아래 사람 없다.

# 그 사람

기쁨과 행복이라는 말은

혼자를 두고 말하는 것이 아닙니다.

행복도 상대적 관계를 두고 말하는 것입니다.

평화라는 말 자체, 평평히 화한다는 것은

벌써 상대성을 안고 들어가는 것입니다.

평화나 행복이라는 말은

독자적인 입장을 두고 하는 말이 아니라

상대권과의 관계를 두고 하는 말입니다.

『천성경, 1065』

너무 가까이 들여다보면
글씨가 흐릿해져 안 보이는 것처럼
너무 가까이 있어 그 사람의 소중함을
잊고 무심히 대할 때가 많았다.

그러나 내가 남편이 되고 아내가 되고
아들이 되고 딸이 된 것은
바로 그 사람 때문이었다.

오늘 나라는 이 특별한 존재의 위치는
모두 그 사람이 만들어 준 것이다.

그 사람이 있어 내 삶은
그만큼 더 존엄해지고 더 행복해진 것이다.
늘 잊지 말고 그 사람에게 감사하자.

# 일(業)의 값진 의미

절대적 하나님의 참사랑의 본질은 위함을 받겠다는

사랑이 아니고 남을 위해, 전체를 위해 먼저 베풀고

위해 주는 사랑입니다.

주고도 주었다는 사실 자체를 기억하지 않고

끊임없이 베푸는 사랑입니다.

어머니가 자식을 품에 안고 젖을 먹이는

기쁨과 사랑의 심정입니다.

자식이 부모 앞에 효도하며 기쁨을 느끼는

희생적 사랑입니다.

『천성경, 1395』

가수 조용필은 1982년 5월, 4집 앨범을 발매했다. 몸이 열 개라도 모자랄 만큼 인기 가도를 달렸다. 그러던 어느 날 어느 요양병원 원장으로부터 전화가 왔다.

14살 지체장애 여자아이가 4집 수록곡 '비련'을 듣더니 입원한 지 8년 만에 눈물을 흘리며 처음으로 감정을 드러냈다는 것이었다.

아이 가족들은 "돈은 원하는 만큼 내겠다"며 "직접 와서 노래해 줄 수 없겠냐"고 간청했다.

전화 온 날 그에게는 3~4천만 원짜리 공연이 4개나 잡혀 있었다. 그는 위약금을 물어주기로 하고 행사 전부를 취소했다. 곧장 병원으로 차를 돌렸다. 그가 나타나자 병원장, 의료진, 환자가족 모두가 놀랐다.

조용필은 무표정한 지체장애 여자아이의 손을 꼭 잡고 '비련'을 불러주었다. 그가 노래하는 동안 여자아이는 하염없이 눈물을 쏟았다.

조용필은 여자아이를 안아주고 4집 CD를 사인해서 선물했다. 차에 타려는데 아이 엄마가 뛰어나와 감사 인사를 건

네며, "돈을 어디로 보내면 되느냐"고 물었다.

조용필은 이렇게 말했다.

"따님 눈물이 제 평생 벌었던, 또 앞으로 벌게 될 (그 어떤) 돈보다 더 비쌉니다."

칸트는 행복 조건으로 세 가지를 언급했다.
어떤 일(業)을 가질 것.
어떤 희망을 가질 것.
어떤 사람을 사랑할 것.
이 가운데 평생 할 어떤 일을 갖는 것은
무엇보다 중요하다.

만약 자신이 하는 일이 안정적 삶과 만족을 넘어 누군가의 삶에 단비를 줄 수 있다면 그것만큼 값진 것이 또 있을까.

알고 보면 삶속에 작동하는 우리의 모든 일은 누군가에게 희망이 되고 때론 사랑이 된다. 그래서 일이란 사적 영역이자 공적 영역이다.

# 나만의 제때

자기 어머니 아버지를 표준으로 해서
그 이상 더 멋지게 살겠다고 해야 됩니다.
본래 우리 조상들이 살던 그 이상
행복하게 살겠다고 해야 됩니다.
그것이 표준입니다.
그렇게 사는 사람은 틀림없이 천국에 가는 것입니다.

『천성경, 557』

"60세에 저 세상에서 날 데리러 오거든, 아직은 젊어서 못 간다고 전해라~."

 노년층 사이에서 가장 인기 있는 노래는 이애란의 '100세 인생'이다. 공원·경로당·관광버스·고속도로 휴게소 등 어디서든 경쾌하게 울려 퍼진다.
 원곡 가사에는 80세까지만 있었다. 평균수명 연장으로 가사에서도 나이가 늘었다. 노래할 때 사람들은 100세까지 정점을 찍어야 흐뭇하게 미소 짓는다.
 법정 은퇴 나이 이후 아무 하는 일 없이 마냥 여유 자적한 삶을 희망하는 사람은 거의 없다. 편의점·주유소·관공소 등 곳곳에서 이모작 인생을 시작한다. 심지어 아름다운 미모의 8등신 여성이 대거 포진해 불가침 영역으로 불리는 모델계까지도 공략하고 있다.
 모델 경력 10년차에 접어든 박양자씨는 90세(2016년)를 맞았다. 증손자까지 둔 백발 할머니지만 화려한 조명 아래 워킹이 시작되면 힘이 솟구친다.

여러 편의 TV 광고에 출연해 시니어 모델계에서는 스타로 통하는 곽용근씨는 매일 공원에 나가서 발성 연습을 하고 거울을 보며 표정 연습에 여념이 없다.

가파른 경쟁사회에서 사람들은 '제때'라는 것을 정해 놓고 있다. 제때 대학 가고, 제때 취업하고, 제때 결혼해야 한다. 제때라는 이 시기를 놓치면 낙오자로 취급받는 경우가 많다.

그러나 이모작 인생에서 즐거움을 만끽하고 있는 시니어들은 "제때라는 것은 존재하지 않는다"라고 말한다. 내가 '하고 싶을 때', '할 수 있을 때'가 제때라는 것이다.

세상 기준과 잣대에 자신을 너무 얽어매지 말자.

내 안에 있는 의욕 찬 에너지가 들끓어 불붙는 순간이 있다. 그때를 우리는 제때라고 부르면 좋을 것이다.

# 용서

내가 사람을 의심할 때
나는 고통을 느낍니다.

내가 사람을 심판할 때
나는 견디지 못합니다.

내가 사람을 증오할 때
나는 존재의 가치를 잃습니다.

『문선명, 영광의 면류관 중에서』

세계평화통일가정연합을 창설한 문선명 총재는 스물한 살 때 일본 유학길에 올랐다.

식민치하에서 고통 받는 민족을 구하기 위해선 일본의 실체를 파악하고 선진 문명을 공부해야 한다는 취지에서였다.

부관연락선에 몸을 싣고 떠나면서 점점 멀어지고 점점 작아지는 조국을 보며 그는 하염없이 눈물 흘렸다.

와세다고등공학교 전기공학과에 입학 후 '엽전회'로 밀칭(密稱)된 한인유학생회에 가입해 졸업 때까지(1941~1943년) 상해 임시정부와 연계해 지하 항일운동을 전개했다.

귀국 이듬해 서울에서 직장 생활을 하고 있던 어느 날, 경기도경찰부가 들이닥쳤다. 유학시절 지하운동의 내막과 관련자 실토가 초점이었다.

고문은 죽을 만큼 잔인했다. 두 팔을 뒤로 묶고 매달아치는 비행기 태우기, 열 손가락에 전기고문 하기, 바닥에 눕혀 무한정 물 먹이기….

고문 받던 중 자신도 모르게 실토할까봐 어떤 이는 스스로 혀를 잘랐다.

5개월 만에 빈사상태로 출소하면서 그는 자신을 고문한 형사들을 증오하고 싶지 않아 어떻게 복을 빌어줄까 고심했다.

'그들도 자신의 책임을 다하느라 그런 것이니 어쩔 수 없지 않았겠느냐'며 위안 삼았다니 가히 놀라울 따름이다.

때때로 미워할 이유가 충분한 사람을 용서한다는 것이 얼마나 어려운 일인가. 용서했다고 자부했는데 부지불식간에 원점인 경우가 다반사다.

무엇이 용서일까.

그 끝은 어디일까.

가늠할 수 없는 용서의 오묘함과 그 깊이를 문선명 총재의 삶에서 다시 생각해 본다.

# 하늘의 심정

아무리 잘 믿는 교회의 지도자나 신자가 있다 하더라도,

아무리 정성을 다한 사람이 있다고 하더라도

그 정성이 하나님과 인류를 위한 정성이 아닌 한,

그것을 자기에게 귀결시키는 사람은

결국 천국에 들어가지 못합니다.

그러나 자기를 위해 살지 않고 본향의 도리의 뜻을 따라,

위하여 존재하는 원칙을 본받아 철이 들면서부터 남을 위해서,

하나님을 위해서 생활을 하고,

자기를 위해서 죽을 길을 가는 것이 아니라

하나님과 인류를 위해 죽음길을 가는 사람은

틀림없이 천국에 가게 됩니다.

『천성경, 1019』

남아프리카공화국 백인정당 '국민당'이 흑백차별법을 공식 제정함으로써 인구 70%를 차지한 흑인들은 면적의 13% 안에서 살게 됐다.

백인들의 인종차별에 넬슨 만델라는 비폭력 불복종 운동을 전개했다. 그는 1952년 한 차례 체포됐고, 1962년에는 무기징역을 선고받아 악명 높은 교도소에서 27년을 보냈다.

70세 생일이자 수감생활 25년을 맞이한 1988년 영국 런던에서 8만 명이 그를 위한 음악회를 개최했고 64개국이 중계했다. 1989년 남아공 백인정부는 흑백차별을 전면 중단했고 이듬해 2월 만델라를 석방했다.

그는 1994년 남아공 첫 흑인 대통령이 되었다. 남아공에서 럭비는 백인들의 스포츠다. 1995년 럭비월드컵에서 남아공 대표팀이 우승을 차지했다.

만델라 대통령은 백인우월주의의 상징으로 통했던 초록 유니폼을 입은 주장 선수 앞에 똑같이 초록 유니폼을 입고 우승컵을 건넸다.

주장 선수는 "우리는 오늘 6만3천 명의 백인이 아닌 4천 200만 명의 남아공 국민의 응원 속에 경기했다"고 말했다.

넬슨 만델라는 자신과 흑인들을 핍박했던 백인들을 가슴으로 품었다.

평화와 화합을 삶으로 웅변한 그에게서
하늘의 심정을 떠올린다.

3부
# 내가 그리는 무늬

## 마음의 힘

자나 깨나 일구월심 자기의 모든 것을
여기에 투입하지 않으면 안 됩니다.
이러한 것은 어떠한 명령을 받는 입장이나 강요당하는
입장에서가 아니라 자기 스스로 해야 됩니다.
그래야만 그것을 통하여 자기 희망이 싹트고,
행복의 여건이 제시되고,
그럼으로 말미암아 자기 승패가 결정되는 것입니다.

『천성경, 854』

세계 곳곳에 '켄터키프라이드치킨(KFC)'을 탄생시킨 커넬 할랜드 샌더스(1890~1980년). 매장마다 흰 양복 입은 할아버지 동상이나 이미지가 붙어 있는데 그가 바로 샌더스다.

가난한 집 3남 중 장남. 여섯 살 되던 해 아버지가 사망했다. 가족생계를 위해 그는 어릴 적부터 밤낮없이 일했다. 40대 들어 자신 있던 닭튀김 요리로 승부를 걸었다. 맛이 좋아 입소문을 탔다. 식당은 번창했다. 그러나 화재가 발생하면서 한순간에 모든 것을 잃었다.

샌더스는 물러서지 않았다. 다시 식당을 열었다. 하지만 운명이 또 시련을 주었다. 식당 바로 옆에 고속도로가 생겼다. 유명무실한 가게가 되면서 치킨사업은 그렇게 무너졌다.

65세 나이, 정부 보조금 105달러로 삶을 지탱했던 그는 하루하루 중고차 안에서 삶을 이어갔다. 거지와 다를 바 없었다. 하지만 미국 전역에 자신의 닭튀김 요리를 알리겠다는 강력하고 열정적인 그 꿈은 여전히 잠들지 않았다. 치킨 조리법을 들고 미국 전역 레스토랑들을 방문했다.

2년 세월이 흘렀다. 그사이 1,000번도 넘는 거절을 감내했다. 그렇지만 포기하지 않았다. 1,009번째 노크했던 레스토랑에서 마침내 꿈을 이뤄냈다.

자신의 성공에 대해 그는 이렇게 말했다.

"훌륭한 생각을 하는 사람들은 많지만, 직접 행동으로 실천하는 사람은 극히 드물다. 나는 포기하지 않았다. 그렇지만 무엇을 할 때마다 이것에서 경험을 쌓고 배우며, 다음에는 더 잘할 수 있는 나만의 방법을 찾아내곤 했다."

매년, 매월, 매주 초가 되면 새로운 도전과 계획들이 넘실거린다. 그런데 작심삼일이 사실인 듯 뜨거운 포부, 풍성한 계획들은 3일을 못 버티고 고사한다.

승리의 관건은 결국 마음의 힘이다.
약해지려 할 때마다 마음에게 다시 한 번
힘차고 뜨겁게 응원을 보내자.

# 내가 그리는 무늬

승리자가 되려는 자에게 부딪혀 오는 모든 환경여건은
협조하는 환경이 아니라 반대하는 환경입니다.
그럴 때 그 환경을 감당해내야 하고 마음만은
믿고 의지할 수 있게 되어야 합니다.
그러므로 어떤 어려움에도 마음만은 움직이지 않고
변하지 말아야 합니다.
자신이 없는 승리는 우연한 승리입니다.
신념에 불타는 승리적인 마음이 있어야 합니다.

『천성경, 855』

최진석 교수는 『인간이 그리는 무늬』에서 '바라는 일'보다 '바람직한 일', '하고 싶은 일'보다 '해야 하는 일'에 힘쓰는 삶은 자기 욕망에 충실하지 않은 것이라며, 진짜 삶을 살려면 자신만의 무늬를 그려야한다고 역설했다.

서울 한남동에서 이름난 빵가게를 운영하는 제빵사 정웅 씨는 빵에 미쳐 사는 사람이다. 기업화해서 더 큰 돈 벌자는 많은 유혹들에 전혀 흔들림이 없다. 오로지 자신이 만들고 싶은 빵 만들기에만 집중한다.

그는 시멘트 회사 연구원을 거쳐 무역회사에서 잘나가던 사람이었다. 어느 날 화장실 창문 너머로 바라본 제빵학원에 그만 마음을 빼앗겨버렸다. 모두가 뜯어말렸지만 사표를 던졌다. 아내의 응원에 힘입어 하루 8시간 이상 빵 만들기에 몰입했다.

제빵집에 취직해 성실히 일하다가 드디어 자신의 가게를 차렸다. 정통 발효빵을 정성스럽게 만들었다. 그런데 팔리는 빵보다 내다버리는 빵이 훨씬 많았다. 시큼한 효모 냄새를 상한 빵이라고 신고한 사람도 있었다.

3년 만에 빈털터리가 됐다. 넋 나간 사람처럼 있다가 한남동에 가게 자리를 보러갔다. 천우신조였는지 부동산 가게 사장이 이유 달지 않고 5천만 원을 빌려줬다. 성공해서 빨리 빚 갚아야겠다는 생각이 아닌 망할 때 망하더라도 빵이나 원 없이 만들어봐야겠다고 다짐했다.

자꾸 말 거는 손님이 방해돼 문 잠그고 빵 만든 적도 있다. 오전 11시에 문 열면 사람들은 줄 서서 빵을 산다. 오후 2시쯤 되면 그의 빵은 거의 동이 난다.

자기만의 삶을 살라고 말하면 이기적인 사람이 되라는 것으로 오해하는 경우가 있다. 그게 아니다.

자기가 하고 싶은 일, 심장이 두근거리는 일에
열정을 바쳐보라는 것이다.
그래야 한 번뿐인 삶에 의미가 강하게 실리고
자기가 구축한 진짜 행복이 온다는 것이다.

# 오답 노트

여러분이 가는 길은 여러분을 위해 가는 것이 아닙니다.
우리 선조가 실수한 것을 우리 시대에 탕감하여
책임을 완수하겠다는 신념을 가지고
근심하는 마음과 책임지는 마음과 실천하는 마음을 갖고
승리의 한 날을 맞이하여야 합니다.
그래야 우리의 모든 섭리는 완결되고,
최후의 영광의 승리는 이 천상천하에 이루어지게 됩니다.

『천성경, 907』

'알레시(Aleesi)'는 주방 및 생활용품을 전문으로 만드는 이탈리아 기업이다. 1921년 조반니 알레시란 사람이 설립했고 산업디자인을 전공한 그의 아들이 합류하면서 스테디셀러 제품들이 많이 탄생했다. 지금은 3세 알베르토가 이끌고 있고 60여개 국가에 수출하는 세계적인 기업이 됐다.

알레시에는 '실패 박물관'이란 특별한 곳이 있다. 출시된 제품들 중 소비자의 눈길을 잡지 못한 것, 기능은 좋은데 디자인이 주목받지 못한 것, 디자인은 좋은데 기능에 오류가 있었던 것 등을 폐기하지 않고 실패박물관에 전시했다. 직원들은 이곳을 자주 찾는다. 실패 원인을 여러 각도로 분석해 보고 더 나은 것을 만들기 위해 애쓰는 것이다.

대입 수학능력시험을 준비하면서 오답 노트를 만드는 수험생들이 있다. 모의고사 등에서 틀린 문제를 오답 노트에 옮겨 적고 왜 틀렸는지를 분석하는 것이 비슷한 유형에 대비하는 데 상당한 도움을 주기 때문이다.

삶에는 예행연습이 없다.
매 순간이 낯선 도전이다.
그래서 실수나 실패는 불가피한 면이 있다.

그러나 이것이 반복되면 일, 인간관계 등
곳곳에서 문제가 생긴다.
하루하루 새로운 무대에 오르는 것이 우리네 인생이다.

과거의 실수가 오늘 반복되지 않도록
삶에서도 오답 노트를 만들어보면 좋을 것 같다.

# 성공의 첩경

성공하려면 오늘 이 시간의 고통을 극복하고
내일을 위해서 준비해야 됩니다.
내일을 위해서 오늘 실천하고 모든 훈련을 하는 사람만이
내일을 갖는 것이지, 오늘 만족하고 오늘이 좋다고 하는 사람은
그것으로서 끝나는 것입니다.
내일의 입장에서 전체를 보게 될 때,
내일이 환영할 수 있는 사람은 오늘 여기에서
좋다고 하는 사람이 아닙니다.
오늘 여기에서 희생하는 사람입니다.

『천성경, 772』

밑바닥 삶에서 최고 반열에 오른 사람 중 미국 토크쇼의 여왕 오프라 윈프리를 거론하지 않을 수 없다.

그녀는 미국 미시시피 주 가난한 시골에서 사생아로 태어나 6살 때까지 외할머니와 살았다. 9살 땐 사촌 오빠에게 성폭행을 당했고, 엄마의 남자친구, 친척 아저씨 등에게도 수없이 성적 학대를 받았다. 14살에는 미혼모가 되었다. 설상가상 출산 2주 후에는 아기의 죽음을 고통스럽게 목도했다. 기구한 삶을 견디기 힘들어 마약과 담배, 폭식으로 현실을 잊으려한 적도 많았다.

그래도 지금의 모습이 자신의 전부가 될 순 없다며 조금씩 앞으로 나아갔다. 19살 때 지역 방송국의 뉴스 진행자로 일하게 됐다. 리포터, 앵커 등 방송 출연이 본격화됐다.

그러나 뉴스의 핵심인 객관성으로 심한 압박을 받았다. 1984년 시카고로 자리를 옮겨 시청률이 가장 낮은 아침 토크쇼를 맡았다. 놀랍게도 한 달 만에 시청률이 1위에 올라섰다. 사람들의 감정에 깊게 공감하는 탁월함이 발휘된 것이다.

이 프로그램은 3년 후 미국 전역으로 퍼져나갔다. 타이틀도 '오프라 윈프리 쇼'로 바뀌었다. 전 세계 140개국에 방영됐다. 일일 시청자 수가 700만 명을 넘어서는 기염을 내뿜었다.

윈프리는 "하루를 마감할 때 문제 삼아야 하는 것은 '친절했는가, 할 일을 다했는가' 이다"라고 말했다.

성공을 한 마디로 정의한다는 것은 불가능하다.
그렇다 하더라도 부단한 자기 노력과
그 과정에서 만난 사람들에 대한 친절은
부인할 수 없는 성공의 첩경이다.

# 인생과 행복

신앙생활은 정상이면 정상을 정복하기 위하여,
상상봉이면 상상봉을 정복하기 위하여
거기에 필요한 재료를 수습하는 것과 같습니다.
그러므로 여러분은 어려운 고비가 닥치면
그 고비를 피해 돌아갈 것이 아니라 헤치고 나아가야 됩니다.
지금 당하고 있는 어려운 일보다도
더 어려운 일을 당하게 될지라도,
나는 거기서 망하지 않는다고 하는 진지한 입장에서
그 어려움을 내 것으로 소화할 수 있는
주체적인 자아를 발견하기 위해서 노력해야 됩니다.

『천성경, 818』

'인생이 왜 이렇게 꼬이는 걸까'란 생각을 누구나 한 번쯤 하게 된다. 아니다. 그보다 훨씬 많이 하는 것 같다.

'약속', '파리의 연인' 등에서 명연기를 펼친 배우 박신양도 그랬다고 한다.

TV방송 특강에서 박신양은 러시아 유학시절 이야기를 꺼냈다.

유학 1년차, 너무도 견디기 힘든 시련이 찾아왔다. 연기 지도를 해주던 교수에게 찾아가서 "선생님, 저는 왜 이렇게 힘들까요?"라고 말했다. 대답 대신 교수는 러시아 시집 한 권을 안겼다. 시를 읽고서 박신양은 심한 충격을 받았다.

시집에는 이렇게 쓰여 있었다.

"당신의 인생이 왜 힘들지 않아야 된다고 생각하는가?"

그는 자신이 그 동안 '행복=힘들지 않은 인생'이라는 무서운 착각에 빠져 살아왔음을 알게 됐다. 그리고 자문자답했

다. '힘들면 내 인생이 아닌가? 즐거울 때보다 힘들 때가 더 많은 것이 인생인데….'

아침마다 휴대폰에는 '행복한 하루 보내'라는 메시지가 넘쳐난다. 이때 행복은 '즐거운·유쾌한·편안한' 등의 의미가 담긴 종합선물 상자다. 틀린 말은 아니지만 지나친 염원은 부작용이 많다. 힘겹고 고통스러운 시간은 마치 인생에서 가치가 없는 듯 소외될 수 있다.

박신양은 특강 결론에서 "힘든 시간을 사랑하지 않으면 나의 인생을 사랑하지 않는다는 뜻이 된다"고 강조했다.

즐거운 시간은 웃을 수 있어 좋고,
힘든 시간은 깊은 성찰과 좋은 밑거름을
낳을 수 있어 의미가 있다.
그 모든 것은 인생이라는 이름에 마땅히 담겨야 하고,
'행복어 사전'에 동등하게 기록돼야 할 것이다.

# 1등이 아니라 최선

책임진 사람은 교만해서는 안 됩니다.

책임자는 어버이가, 어머니 아버지가 되어야 합니다.

하나님의 대신자가 돼야 합니다.

밤이나 낮이나 누구보다도 노력을 하고,

눈물어린 심정을 품고 그들의 영적 육적,

안팎의 모든 길을 해결해 줄 수 있는 책임을 져야 합니다.

『천성경, 1011』

박칼린 감독은 대한민국 뮤지컬 음악감독 1호이다. '명성황후', '아이다', '시카고', '오페라의 유령' 등 50편 넘는 작품이 그녀의 손을 거쳤다.

그녀는 한국인 아버지와 리투아니아계 미국인 어머니 사이에서 태어났다. 미국에서 자라다 할아버지 할머니가 있는 부산에 와서 고등학교 2년을 보내고, 미국 캘리포니아 예술대학에서 첼로를 전공했다.

1991년엔 서울대 국악과 대학원에 입학했다. 무형문화재 명창 박동진 선생에게 선택돼 판소리를 사사 받았다. 박 선생은 그녀를 전수자로 삼고 싶었지만 문화재청 불허로 무산됐다.

이후 대학로에서 연극인으로 살다가 연출가 윤호진 선생 제의로 뮤지컬에 뛰어들었다. 당시 뮤지컬은 한국에서 불모지나 다름없었다. 그녀는 배우들에게 발성 트레이닝 등 기본부터 가르쳤다. 편곡도 그녀 몫이었다.

'명성황후' 제작 땐 호주에 가서 배경음악을 만들어 왔는데 배우와 스태프 있는 자리에서 혼자 모든 배역의 노래를

2시간 동안 부르며 각 부문을 설명했다. 모두가 기립박수로 경의를 표했다.

그녀가 일할 때마다 스스로에게 묻는 것이 하나 있다. 1등이 아니라 최선을 다했는지에 대한 물음이다. 라면 끓일 때도 최고의 맛을 내기 위해 노력했는지가 중요하다고 했다. 그것이 무서운 이유는 도착점이 없기 때문이다.

기본적으로 등수는 어떤 것과 경쟁할 때 생겨난다. 그러나 등수로 평가될 수 없는 그 이상의 영역은 최선을 다했는지에 대한 자기만의 판단이다.

삶이 그런 것 같다.
누구와의 경쟁을 넘어 자기 자신이 만족할 때까지
최선을 다해 나가는 열정…
그래서 삶은 매 순간 팔팔 끓는 국물처럼
진중할 수밖에 없다.

# 기회, 선택, 노력

마음은 둥글고 심문(心門)이라는 것이 있습니다.
기도하게 되면 줄줄줄줄 언제나 잘되는 것은 아닙니다.
하늘과 더불어 이렇게 마음 방향이 딱 맞춰질 때가 있습니다.
그때를 놓치면 안 됩니다. 그런 때가 오면 벌써 압니다.
그때 가서는 백사(百事)를 대비해 놓고 이 마음문을 활짝 열고
거기에 파고 들어가면 크나큰 힘과 크나큰 하나님의 사랑이
어떻다 하는 것을 느낄 수 있는 단계에 들어갑니다.

『천성경, 878』

이종수 교수는 독일 본대학교 의대 종신교수다. 그 영예는 독일 대학병원 각 과에서 단 한 명씩에게만 주어진다.

이 교수는 1969년 유럽 최초로 간 이식 수술에 성공했다. 70년에는 세계 최초로 간 보존액을 개발했고, 73년에는 유럽 최초로 간을 헬기로 공수해 이식 수술을 성공시켰다. 그는 현재 본대학 간질환연구소 소장으로 있다.

이 교수는 전남 영암의 한 가난한 농가에서 6남매 중 장남으로 태어났다. 고등학교 수학교사로 일했던 그는 1956년 독일 장학재단 장학생 선발시험에 합격해 뒤셀도르프대학에서 의학 공부를 시작했다.

그러나 어학 코스를 밟지 않은 탓에 그는 귀머거리였고 벙어리였다. 어디서도 도움 받을 수 없던 암담한 상황. 더 이상의 학업 유지는 무모한 일이었다.

한국에서 농사짓던 아버지는 포기하지 말라고 당부했다. 얼마 안 있어 별세한 아버지의 말은 유언이 되고 말았다. 그는 이를 악물고 공부했다. 수도원에 들어가 1,000쪽짜리 병리학 책을 전부 독파했다. 몸무게가 45kg까지 내려갔다. 급

성간염으로 사선을 오락가락했고 1년간 병원 신세를 졌다. 그래도 의학도의 꿈만은 끝까지 물고 늘어졌다. 1962년 의사고시에 합격, 마침내 전문의 길에 들어섰다.

인생길에서 3번의 기회가 온다는 말이 있다. 3번 이상인지 그 이하인지는 가늠할 수 없다. 그만큼 절절하게 희소하고 중요하다는 의미다. 다만 그것이 성공으로 작동할지 말지는 전적으로 자신의 선택과 노력 여하에 달렸다.

기회, 선택, 노력은 한 세트로 움직인다.
그래서 성공은 모두의 것이면서
모두의 것이 아닐 수도 있다.

# 포기하지 않는 열정

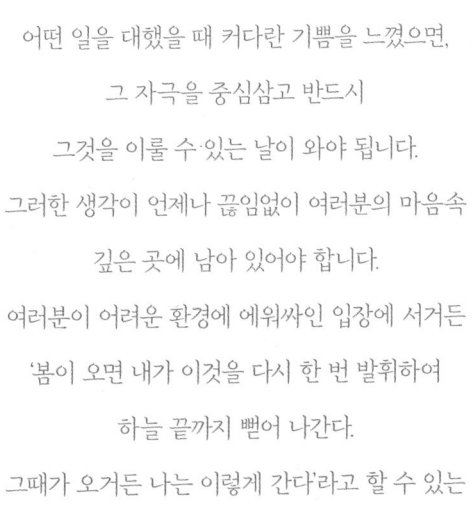

어떤 일을 대했을 때 커다란 기쁨을 느꼈으면,
그 자극을 중심삼고 반드시
그것을 이룰 수 있는 날이 와야 됩니다.
그러한 생각이 언제나 끊임없이 여러분의 마음속
깊은 곳에 남아 있어야 합니다.
여러분이 어려운 환경에 에워싸인 입장에 서거든
'봄이 오면 내가 이것을 다시 한 번 발휘하여
하늘 끝까지 뻗어 나간다.
그때가 오거든 나는 이렇게 간다'라고 할 수 있는
신념을 가져야 됩니다.

『천성경, 821』

데이비드 시버리의 책『기회를 잡는 사람 기회를 놓치는 사람』에 보험왕 '더비' 이야기가 나온다.

미국 서부 개척시대, 더비는 금맥을 찾아 나섰다. 끝없이 파고들어갔지만 금맥은 발견되지 않았다. 결국 포기했다. 그러나 금맥은 바로 1미터 앞에 있었다. 그 후 보험판매를 직업으로 삼았다.

하루는 농장주 숙부를 도와 일을 하고 있는데, 한 소작인 딸이 찾아왔다. 50센트를 받기 위한 어머니의 심부름이었다. 숙부는 다음에 오라고 말했다. 소녀는 알겠다고 대답했다. 그러고선 그 자리에 그대로 서 있었다. 한참이 지났다. 여전히 소녀는 그대로 서 있었다. 숙부는 화가 치밀었다. 돌아가라고 했는데 왜 돌아가지 않느냐고 물었다.

공손한 태도이긴 했지만 소녀는 50센트를 꼭 받아야 하기 때문이라며 꼼짝하지 않고 그 자리를 지켰다. 마침내 숙부는 주머니에서 50센트를 꺼냈다.

보험판매원을 하면서 더비는 많이 힘들었다. 더 이상은 못 하겠다고 포기하고 싶은 상황이 자주 왔다. 그럴 때마다 더비는 1미터 앞에 금맥이 있던 것을 모르고 포기했던 일, 단돈 50센트를 받기 위해 꼼짝 않고 자기 자리를 지켰던 소녀가 떠올랐다. 다시 한 번 마음을 다잡을 수 있는 교훈이 됐다. 훗날 더비는 최고 보험왕이 됐다.

뜻한 바를 이룬 사람들 대부분은
열정을 따라 전진한다.
그들은 타고난 재능보다
포기하지 않는 열정을 더 중요시한다.
이루고 싶은 것이 있다면 포기하지 말자.
더디면 어떠랴.
그만큼 더 깊이 숙성돼 결국 더 큰 열매를 맺을 것이다.

# 믿음

오늘 죽음을 각오하고

새로운 신앙길을 따라 나선 여러분이

절대적인 믿음으로

하나님의 소망을 향해 나가면

그런 신앙노정을 통하여

하나님적인 가치를 찾을 수 있습니다.

이런 믿음을 갖고 책임감을 느껴야 하고,

이런 믿음을 갖고 실천하는

참아들딸들이 되어야 합니다.

『천성경, 874』

남편을, 아내를, 그리고 자녀를
얼마나 믿어주고 있는가.
함께 일하는 직장 동료를 얼마나 신뢰하고 있는가.
매일 좌충우돌하는 나 자신은
또 얼마나 믿어주고 있는가.

영화 『쿵푸 팬더 1』에서 주인공 팬더 포는 어느 날 우그웨이 대사부에게 '용의 전사'로 지목받는다. 그러나 무술을 가르쳐야 하는 시푸 사부는 도저히 인정이 되지 않는다.

뚱뚱하고 느려터진 팬더 곰이 어떻게 쿵푸를 배울 수 있겠느냐며 그의 외적 조건에 처음부터 실망하고 마음을 접는다. 더군다나 사악하고 강력한 힘을 가진 타이렁을 대적하기에는 역부족이라고 단정한다.

부정적 마음으로 가득한 시푸 사부에게 대사부 우그웨이는 이렇게 말한다.

"막아낼 수 있을지도 몰라.
자네가 그를 믿고 지도할 의지만 있다면 말일세.
자네에겐 그에 대한 믿음이 필요하네."

한편 "내가 어떻게 그런 일을 해낼 수 있겠어? 할 수 없어"라며 스스로 포기하고 과거 모습으로 되돌아가려는 뚱뚱한 팬더 포를 향해서는 이렇게 말한다.

"자넨 지난 일과 앞으로의 일에 대해 너무 걱정이 많아.
어제는 역사이고 내일은 미스터리야.
그러나 오늘은 선물이라네.
그래서 현재(present)를 선물(present)이라고 부른다네."

낯선 것에 도전하면 성공하기보다 실패하는 경우가 더 많다. 당연하다. 미지의 세계는 원래 힘들다.
그렇다고 옆에서 "그럴 줄 알았다. 그럼 그렇지"라며 부정적으로 바라보고, 스스로도 그렇게 생각하는 것은 금물이다.

이런 불신은 될 일도 안 되게 만든다.

인생 무대에서 성공을 일군 사람들은
강력한 믿음을 끊임없이 가지라고 주문한다.
이루고자 하는 꿈에 집중하며 깊은 믿음을 가져보자.
상상하지 못할 기적이 불현듯
찾아올 날이 있지 않겠는가.

# 청사진

예수 그리스도는 자기가 맡은 전문분야인 만민을 구원하는
책임을 수행하기 위해서 먼저 어떠한 입장에 서야 하느냐?
그분도 역시 전심전력하는 입장에 서지 않을 수 없습니다.
자나 깨나 일구월심, 자기의 모든 것을
여기에 투입하지 않으면 안 됩니다.
이러한 것은 어떠한 명령을 받는 입장이나
강요당하는 입장에서가 아니라 자기 스스로 해야 됩니다.
그래야만 그것을 통하여 자기 희망이 싹트고,
행복의 여건이 제시되고,
그럼으로 말미암아 자기 승패가 결정되는 것입니다.

『천성경, 854』

의미치료 창시자 빅토르 에밀 프랑클(1905~1997년)은 세계적인 신경학자이자 정신의학자였다.

그는 오스트리아에서 태어난 유대인으로 제2차 세계대전 때 강제수용소 아우슈비츠에 갇혔다가 극적으로 살아남았다. 이 경험을 토대로 책 『죽음의 수용소에서』를 남겼다.

그에 따르면 아우슈비츠는 구타와 모멸감이 매일 반복되고 일정 시간 잠을 잘 수 없는 곳이다. 9명에게 단 두 장의 담요가 배당되는데 서로 몸을 꼭 붙여야만 잘 수 있다.

셔츠 하나를 6개월 이상 입어야 하고 지독한 굶주림을 못 이겨 갓 죽은 사람의 입안에 든 감자를 꺼내먹기 위해 인간 이하의 싸움을 해야 하는 극한 환경이다.

언제 죽을지 모르는 절망적 상황. 대부분은 삶을 포기한 채 오늘을 '어제의 반복'으로 받아들이며 되는대로 살았다. 그러나 그 동물 이하의 지옥생활 중에도 매일 깨끗이 얼굴을 씻고 머리를 빗고 옷매무새를 단정히 하며 자기관리에 적극적인 사람들이 있었다. 그들은 살아남았다.

프랑클은 '가장 어려운 순간을 극복하게 해주는 것은 미래에 대한 기대'임을 확신했다. 그것이 삶의 태도를 변화시킨다고 보았다.

연말, 연초가 되면 다이어리가 인기다. 처음엔 꼼꼼히 쓰는데 3개월 넘기기가 쉽지 않다. 포기하게 되는 주 원인은 게으름보다 딱히 쓸 게 없다는 것이다.

자기경영 전문가들은 다이어리를 쓰기 전에 3년 5년 10년 후 자신이 얻고 싶은 것, 되고 싶은 모습을 먼저 그려보라고 말한다.

명확한 꿈이 있어야 그것을 언제까지, 어느 정도로, 어떻게 해낼지 구체화할 수 있다는 것이다.

좀 생뚱맞으면 어떠랴.
나만의 멋진 청사진 한 장 그려보자.
어느 순간 삶은 그렇게 변해가고 있을 것이다.

# 목표 설정

책임진 입장에서 활동할 때입니다.

그러니 발걸음 하나를 옮길 때도

이 목표를 이루기 위해 옮겨야 합니다.

우리는 개인이지만 전체의 생명, 소원, 가치를

대신하고 있는 것이 됩니다.

여기에서 하늘땅 앞에 세워질 수 있는 가치가 결정됩니다.

『천성경, 577』

세계적 갑부 워렌버핏의 전용기를 10년 넘게 조종한 파일럿 플린트에게 버핏이 말했다.

"중요하게 여기는 목표 25가지를 적어보게."

플린트가 25가지를 기록하자, 버핏이 다시 주문했다.

"그중에서 가장 중요하게 여기는 5가지에
동그라미 쳐보게."

동그라미를 치며 플린트가 무엇에 집중해야 할지 명확해졌다면서 나머지 20가지도 틈나는 대로 노력해서 이루겠다고 말했다. 그러자 버핏은 "5가지 목표 이외에 나머지 것들은 전부 버려야 할 것들이다"라고 강조했다.

한반도 평화 문제를 세계적 차원에서 독보적으로 이끌어 온 세계평화통일가정연합. 북한은 대한민국 대통령 당선이

나 기념일 등은 모른 체해도, 문선명 한학자 총재 부부의 생일과 가정연합 주요 기념행사 때는 정중히 축하 인사를 건넸다.

강소국 이스라엘처럼 작지만 늘 강한 드라이브를 구사한 가정연합의 힘은 어디서 나오는 것일까.

한학자 총재는 창조주 하나님을 인류의 종적 참부모인 '하늘부모님'으로 알리는데 조금의 주저함도 없다.

그녀의 목표는 오직 하나.
'하늘부모님 아래 인류 한 가족' 이상실현이다.
그 목표를 향해 그녀는 사생결단 전력투구하고 있다.

'2002 한·일 월드컵'에서 한국을 4강에 올린 히딩크 감독은 "기본적으로 나는 목표를 정한다. 그 이유는 목표가 수학적으로 가능하기 때문"이라며 목표설정 습관을 예찬했다.

목표 얘기가 나오면 사람들은 많은 부담감을 느낀다. 거창한 무언가를 하자는 것으로 이해하기 때문이다. 잘못된 생각이다.

목표 설정은 반드시 해야 할 것과
하지 말아야 할 것에 대한
정확한 구분 짓기가 그 시작이다.
목표를 정확히 아는 것만으로도
실현을 향한 삶의 발걸음은 분명 가벼워질 수 있다.

# 주력해야 할 삶의 주 메뉴

최고의 목표에 도달하고 싶다는 것은 만민 공통입니다.

그러나 최고의 기준에 도달한다고 하는 것은

보통 일이 아닙니다.

올라가면 올라갈수록 최후에는 점점 적어집니다.

최후에는 하나면 전체가 완성한다고 하는 결론을 내지만,

그 하나에 도달하는 것이 어렵습니다.

『천성경, 832』

오랜 허기로 배가 홀쭉해진 사자가 잠든 토끼를 발견했다. 침을 흘리며 토끼에게 다가서다가 유유히 뛰어가는 사슴 한 마리를 발견했다.

사자는 곤히 잠든 토끼는 있다가 잡고 우선은 살찐 사슴부터 잡아야겠다고 생각했다. 그러나 눈치 채고 전속력으로 질주하는 사슴을 따라잡는다는 것은 허기진 체력으로는 안 될 말이었다.

아쉬움을 뒤로하고 토끼에게로 발길을 옮겼다. 그런데 이게 웬일인가. 토끼도 소란스러움에 깨어나 달아나버렸다.

주력 사업에 집중하고 나머지 것들은 과감히 정리하는 것이 요즘 기업들의 대세다. 세를 과시한다며 여러 가지 종목을 붙들고 있다간 경쟁 업체들에 하루아침에 추월당하고 먹힐 수 있다.

음식점들도 특정 메뉴 하나만 주력해서 파는 경우가 많아지고 있다. 한 집에 동거하던 자장면과 짬뽕도 각자의 길을 가기 시작했다. "뭐하면 뭐!"라는 식으로 그 식당, 그 음식, 그 맛이 바로 떠올라야 승산이 있기 때문이다.

'모든 것을 다 갖췄다'는 것은
'모든 것을 다 갖추지 못했다'는 말로
재해석되는 세상이다.

물론 급변하는 세상에서 다양성을 염두에 두지 않을 수 없다. 그럼에도 불구하고 주력해야 할 삶의 주 메뉴는 분명 있어야 한다.
그것이 삶의 정체성과 깊이를 공고히 할 것이다.

# 새로운 마음으로

하나님만을 위주로 하여 자신이 새로운 것을
자극할 수 있는 생활을 직접 경험해야 됩니다.
그러한 심정을 느끼면서 활동을 하게 되면,
거기에는 반드시 번식이 일어납니다.
그러면 발전하는 것입니다.
살아 있는 나무에는 새싹이 나오는 것입니다.
거기에는 반드시 생명력이 약동하는 것입니다.
이러한 감정을 잃어버리는 날에는
생사를 걸고 기도하라는 것입니다.
철야기도를 해서라도 정성을 쌓아 나가야 합니다.

『천성경, 879』

2004년 한달선씨는 둥근 노지 감귤을 '하트 감귤'로 탈바꿈시켜 특허 출원했다. 둥근 감귤이 단순한 먹거리로 판매될 때 그의 하트 감귤은 크리스마스를 전후해 고급 선물로 인기를 누린다.

30여 년 넘게 감귤 농사를 지어오던 어느 날 기형적 모양의 귤들이 열린 것을 보았다. 그는 예쁜 모양의 귤을 만들어 낼 수는 없을까 하고 생각했다. 그렇게 해서 떠오른 것이 하트 감귤이다.

2001년 그는 알루미늄 맥주 캔을 하트 모양으로 잘라서 어린 귤에 덧씌우는 실험을 했다.

하트캔 내부와 바깥 온도가 많이 달라서 귤은 물러져 떨어지기 일쑤였다. 온도 차를 줄이기 위해 다음번엔 캔에 숨구멍을 냈다. 통풍이 잘 돼 떨어지지 않았다.

껍질은 노지 귤보다 더 얇았다. 덧씌운 하트캔을 감귤이 자신의 껍질로 착각해 껍질을 두껍게 형성하지 않은 것이다. 그러면서 당도는 더 높아졌다.

대량 생산을 위해 금형을 만드는데 천만 원이 들었다. 그러나 제작한 하트 틀이 귤의 실제 크기와 잘 맞지 않아 그 후로도 5천여만 원이 더 들어갔다. 빚이 늘자 집에서는 아우성이었다. 그도 실망이 컸다. 하지만 포기하지 않고 묵묵히 밀고 나갔다. 하트 감귤은 그 후 한해 40만여 개 이상 열리면서 큰 소득을 그에게 안겼다.

희로애락이 가득 담긴 하루하루는 힘겹다. 그래도 자고 일어나면 또다시 그 삶에 뛰어드는 것은 어제가 아닌 오늘이라는 데 이유가 있다.

항상 반복되는 일상 같지만
오늘은 어제 가보지 않은 새로운 날이다.
지난한 어제의 상념들은 걷어내고
새로운 생각, 새로운 마음으로 오늘에 바로 서자.

# 마음 담긴 실체

신앙생활을 하는데 있어서 세 가지만 하면

승리는 결정되게 되어 있습니다.

첫째는 '이념적으로 제패하라.'

둘째는 '정성과 충성에서 누구보다도 앞서라.'

셋째는 '선한 일에 최고로 앞장서라'라는 것입니다.

이 세 가지만 실천하면 앞으로의 승리는

이미 결정되어 있는 것과 마찬가지입니다.

『천성경, 856』

일본의 워렌버핏으로 불리는 다케다 사장은 계란과자 전문기업 '다케다제과'를 설립했다. 그는 이 회사를 최고 반열에 올리는데 두 가지 전략을 썼다.

첫째는 내 아이가 먹어도 안심할 수 있는 값비싼 양질의 재료 사용하기다.

타 계란과자 회사들이 저가의 일반 계란을 원료로 쓸 때 다케다 사장은 3배나 비싼 북해도산 유정란을 고집했다. 처음엔 비싼 재료값 탓에 손해가 막심했다. 그러다 다케다 사장의 소신과 과자에 들어간 재료를 고객들이 알아가면서 시장 점유율은 60%를 넘어섰다.

두 번째는 진심어린 마음의 표현이었다.

다케다 사장은 만드는 사람이 행복해야 과자 맛도 좋아지고 먹는 사람도 건강할 수 있다고 보았다. 이런 지론으로 그는 모든 직원들에게 의무적으로 계란과자에 "감사합니다"라고 크게 외치게 했다.

출근 후에는 1시간씩 "감사합니다"라는 인사 행사를 벌였다. 인사는 자유이며 대신 참가한 직원들에겐 8천 엔(8만 원)

을 지급했다.

여기에 덧붙여 계란과자들이 생산에서 출하 단계까지 약 100만 번 "감사합니다"를 들을 수 있도록 음성 시스템을 설계했다.

어느 식품회사 사장이 광고에 나와 "정말 좋은데 어떻게 표현할 길이 없네!"라고 말한 걸 들은 적이 있다.

연인에게든, 고객에게든 마음만 담아서는 부족한 시대다. 그 마음의 깊이와 농도를 증명할 수 있는 실체가 동반돼야 한다. 특히나 삶에서는 그것이 더 명징하게 나타나야 한다.

무수한 말만 넘쳐나고 실천이 없으면 그때부터 삶은 갈등하고 표류한다.

"왜 내 마음을 그렇게도 몰라주느냐"고 말하기 전에
상대가 알아챌 수 있도록, 느낄 수 있도록
내가 무엇을 전했는지
다시 한 번 생각해봐야 할 것 같다.

# 스스로의 결과물

결국 모든 것이 나를 중심삼고 되어 있습니다.

인격의 최고 기준을 추구하고, 하나의 세계를 추구하는 것은

하나님이 아니라 나 자신입니다.

내가 추구하는 것입니다.

그렇기 때문에 신인일체가 되고,

그와 동시에 신의 소원과 인간의 소원이 일체 되는 것입니다.

이 소원이 하나의 기점입니다.

그래서 천지인(天地人)이라고 하는 것입니다.

이런 길을 인간이 기필코 가야 됩니다.

『천성경, 396』

시각장애인 엔리케 올리우.

그는 미국 메이저리그 야구팀 '템파베이 레이스'의 라디오 방송 전속 스페인어 야구 해설사다. 라디오만 듣고서는 아무도 그를 시각장애인으로 생각할 수 없다.

'야구 백과사전'이라 불리는 그는 현장에서 직접 경기를 관람하는 것 같은 생생한 해설을 전하는 것으로 유명하다. 그는 경기를 펼치는 선수의 현재 상황뿐만 아니라 과거 경기 실적, 통계, 에피소드 등을 촘촘하게 곁들여 하나의 작품을 만들어낸다.

10살 때 시청각장애학교에 다닌 엔리케는 스포츠에 관심이 많았다. 대학에 가서는 커뮤니케이션을 전공했고 졸업 후 라디오 방송국에 취업하기 위해 줄곧 노력했다. 취업의 문은 좀처럼 열리지 않았다. 그래도 때를 기다리며 무보수로 자주 방송국 일을 거들었다.

그러다가 1989년 몬트리올 엑스포스의 마이너리그팀 잭슨빌에서 야구 해설을 하게 됐다. 탁월한 해설과 끊임없이 노력하는 성실함을 인정받아 템파베이 레이스 구단이 창단

될 때 정식 라디오 해설자가 됐다.

경기가 있는 날이면 엔리케는 미리 선수와 코칭단과 기자들을 만나 자료를 수집하고 인터뷰를 했다. 그는 이 모든 것을 기억했다가 적재적소에 활용했다.

어릴 적 그의 아버지는 이렇게 말했다.

"네가 인생을 살면서 네 스스로의 음악을 연주할 것인지
아니면 그저 남의 음악을 연주할 것인지는
네 스스로 결정해야 한다."

적극적인 자기 노력이 없으면
자기 인생을 살기 어렵다.
잘하든 못하든 스스로 노력할 때
스스로의 결과물이 쌓인다.
인생은 어느 누구도 대신할 수 없는 자신의 것이다.

# 새로운 길

오늘의 자기를 생각하는 사람이
내일의 행복한 길을 차지할 수 있습니까?
성공하려면 오늘 이 시간의 고통을 극복하고
내일을 위해서 준비해야 됩니다.

내일의 입장에서 전체를 보게 될 때,
내일이 환영할 수 있는 사람은
오늘 여기에서 좋다고 하는 사람이 아닙니다.
오늘 여기에서 희생하는 사람입니다.

『천성경, 772』

사라 라이너첸은 '근위 대퇴골 부분적 결손' 장애로 7살 때 왼쪽 다리를 절단하고 의족을 달았다.

정상인처럼 키우고 싶었던 부모님은 사라를 유소년축구단에 입단시키고자 했다. 축구감독은 그녀를 운동장 밖으로 내보내는 것으로 거부 의사를 밝혔다.

이 경험은 어린 사라에게 낙담이 아닌 강한 자극제가 되었다.

11살 때부터 달리기를 시작했다. 13살 때 대퇴절단 여성 장애인 100m 부문 세계 신기록을 세웠다. 이후 수많은 마라톤 대회에 출전했다.

2004년에는 철인 3종 경기에도 출전했다. 이를 위해 12개월간 혹독한 훈련에 임했다. 그러나 완주시간 초과로 탈락했다. 이듬해 다시 도전했다.

수영 3.9km, 자전거 180km, 마라톤 42.195km 달리는데 총 15시간 5분이 걸렸다. 시간 절약을 위해 소변도 자전거 위에서 해결했다. 마침내 그녀는 철인 3종 풀코스를 완주한 첫 여성 절단 장애인에 등극했다.

서른셋 되던 2008년 2월, 사라의 사인회가 한 백화점 앞에서 열렸다. 수많은 사람들이 몰렸다. 그곳에 한 남자가 보였다. 6살 때 그녀를 축구팀에서 탈락시킨 그 감독이었다.

이 일화를 토대로 그녀는 자신의 책 제목을 『그리고… 축구감독이 찾아왔다』라고 지었다.

누구나 단점을 갖고 있다. 그 가운데는 자기의 부정적 인식에서 출발한 것들이 많다. 사라는 이렇게 말했다.

"나는 내 장애를 진심으로 품었다.
내 몸이 자랑스럽다."

자신의 한계와 단점을 긍정의 눈으로 인정하면
보이지 않던 새로운 길이 보인다.

11살에 달리기에 도전한 사라는 그 새로운 길을 발견했다.

# 인격과 습관

인식이나 의식을 바꾼다는 것은 무섭고 어려운 것입니다.
한번 습관을 잘못 들이면 고치기 힘듭니다.
그래서 '세 살 버릇이 여든까지 간다'는 말이 있습니다.
생활하는 인간의 역사적 전통을 따라 습관성이
그렇게 되어 있기 때문입니다.
바울 같은 사람도 "오호라 나는 곤고한 사람이로다.
사망에서 나를 누가 해방하리오"라고 했습니다.
그것도 습관성 때문입니다.

『천성경, 836』

'세계적인 투자 귀재', '아낌없는 기부 천사'로 불리는 워렌 버핏이 한 대학의 강연장에 섰다.

"자신의 미래 수익 10%를 사람에게 투자해야 한다면 누구를 선택하겠느냐"고 학생들에게 물었다.
돈 많은 사람, 똑똑한 사람,
비전 있는 사람, 감각 있는 사람?
모두 아니다. 그는 인격이 잘 갖춰진 사람을 선택해야 한다고 했다.
이번엔 반대로 누구에게 가장 투자하고 싶지 않은지를 질문했다.
그는 능력과 재산의 정도를 떠나서 신뢰할 수 없고 이기적이고 거짓말에 능한 사람이라고 말했다. 그러면서 "엄청난 돈을 잃을지라도 결코 인격을 잃어서는 안 된다"며 사람 됨됨이의 중요성을 강조했다.
투자할 기업을 선택할 때 버핏은 관심 가는 기업을 수없이 방문한다. 현장 직원들을 직접 만나보고 회사의 문화, 가치관 등을 파악한다. 회사가 오래도록 쌓아올린 평판, 품격을 확인하기 위해서다.

그는 인격을 습관의 결정체로 바라본다. 습관이 굳어져 한 사람의 인격, 기업의 품위를 형성한다고 보기 때문이다. 버핏은 습관을 '처음에는 깃털 같아 느낄 수 없지만 나중엔 무거운 쇳덩이 같아 결코 바꿀 수 없는 것'이라고 표현했다.

인격과 습관은 한 몸처럼 붙어 있다.
그것들은 거창한 것이 아니다.
무심결에 내뱉는 말, 세상을 바라보는 시선,
자주 보는 동영상, 사람을 대하는 태도 등
일상에서 반복돼 굳어져버린
행동과 생각들이다.

나의 인격은 어떤 습관들로 채워져 있을까?
인격 혁명까지는 아니더라도 좀 더 나은 삶을 꿈꾼다면
한 번쯤 꼼꼼하게 자신의 습관들을 들여다봐야겠다.

4부
대지에 흐르는 물

# 초기화 버튼

저변에 생명의 감사와 생명의 윤택함이

언제나 샘솟듯 흐르는 그 무엇이

자기 스스로에게 있어야 됩니다.

고통스럽지만 평화스럽고,

안식할 수 있는 보금자리와 같은 생명이 깃들 수 있는

안식처가 자기 마음에 잠겨 있어야 됩니다.

그러면 하나님이 같이하는 것입니다.

『천성경, 1001』

성능 좋은 최신 스마트폰도 몇 개월 지나면 오작동 할 때가 있다. 여러 가지 어플리케이션을 설치하면서 원치 않는 부수적인 것들이 덩달아 들어오는 것이다.

그 여파 때문인지 속도도 느려지고 기기의 온도도 자주 올라가고 배터리도 일찍 소모된다. 심한 경우에는 화면이 꺼지고 기능이 작동되지 않는다.

스마트폰을 보면서 인생도 이와 비슷한 점이 많다는 생각이 든다.

사람들을 만나고 갖가지 일을 하면서 삶은 희로애락의 한복판을 가로지르며 많은 스트레스에 시달린다.

스마트폰 온도가 올라가면 배터리가 일찍 소모되는 것처럼 스트레스가 과도하게 쌓이면 혈압이 높아지고 심신을 지탱하는 에너지도 그만큼 일찍 떨어진다. 그대로 방치하면 스마트폰의 먹통 현상처럼 큰 병에 맞닥뜨릴 수 있다.

스마트폰 서비스센터는 백신프로그램을 설치하여 수시로 점검할 것을 권장한다. 그러나 그것보다 더 중요한 것 하나를 말해주는데 '3일에 한 번씩 초기화 작업을 해주면 좋다'는 것이다. 이렇게만 해도 불필요한 쓰레기가 상당히 비워지고 정리정돈 된다고 한다.

예를 들어 메모리 사용량이 500이라고 할 때 정리 작업을 하면 400정도로 떨어지는데 전원을 끄고 다시 켜면 300까지 떨어진다.

    삶도 스마트폰 초기화 작업처럼 힐링이 필요하다.
    운동, 영화관람, 산책, 독서, 음악감상,
    마음가는 사람과의 대화 등 무엇이든 좋다.
    잠시 쉬어가며 삶을 돌아볼 수 있다면
    그것으로 충분하다.

중요한 것은 삶에도 틈틈이 초기화 버튼을 눌러줘야 한다는 것이다.

그래야 여유가 생기고 다시 새롭게 출발할 수 있다.

# 취미를 대하는 태도

지금 세계 사람들이 바쁜 생활을 하는 것을 보게 되면

불쌍하다는 것입니다.

스트레스가 쌓여 있고 취미라는 것이 없습니다.

종이 되어 있습니다.

전부 부속품이 되어 있습니다.

거기에는 무슨 취미도 없고,

자기의식도 없이 기계동작과 같이 살고 있습니다.

일생의 80퍼센트 이상을 그러고 사는 것입니다.

그래서 앞으로는 취미산업을 개발해야 됩니다.

『천성경, 673』

마음에 평안을 가져오는 힐링으로 어떤 취미가 좋을까.

『나의 드로잉 다이어리-나무를 그리다』에서 김충원은 자연을 통해 치유 받는 방법 중 가장 저렴하고 효과적인 것으로 나무 그리기를 소개한다.

그에 따르면 단순해 보일수록 어렵고, 어려워 보일수록 단순한 것이 나무 그리기다.

똑같은 종류의 나무라 할지라도 단 한 그루도 똑같이 생긴 것이 없으니 좋고 나쁜 나무가 있을 수 없다.

나무 그리기도 마찬가지다. 개별적인 나무들을 보고 나만의 느낌으로 그린 것이니 그 그림에는 좋고 나쁨이 없다. 그 자체로 의미가 있는 것이다.

그가 제시하는 나무 그리기의 팁을 보면 줄기와 가지 그리기가 무엇보다 중요하다. 줄기는 아래쪽 굵은 부분부터 위쪽으로 그려 올라가야 한다. 위쪽으로 올라갈수록 손에 힘을 빼고 펜을 가볍게 다루어야 한다.

잎사귀를 그릴 때도 잎의 가장자리 윤곽선을 먼저 그리고 그런 다음 굵은 잎맥부터 가는 잎맥으로 차례로 그려나가면 된다.

잘 그려지지 않는다고 불안해하거나 조급함을 갖는 것은 금물이다. 그저 포기하지 않고 꾸준히 연습하다보면 점점 더 멋지고 아름다운 나무가 그려지는 날이 온다고 한다.

지친 마음을 달래려고 시작한 취미마저 경쟁적으로 완벽하게 해내려고 하는 경우가 있다.

자신의 몸과 마음에 무거운 스트레스를 안기는 것은 물론 주변 사람에게도 부담이다. 아마도 경쟁이 일상화된 삶속에서 오래도록 살아온 탓 때문일 것이다.

취미만큼은 제발 마음을 내려놓고 여유롭게 놀이로써 접근하자.

# 안분지족

지고한 사랑이상을 이루어야 할 인간의 완성은
사랑에 대한 책임성을 지닐 때 가능한 것입니다.
그 책임성은 인간은 사랑의 자유를 주신 하나님에게 감사하면서
자기수양, 자기관장으로 자유의 주체가 되는 책임입니다.
사람에게 있어서 사랑의 책임성은, 법이나 이목 때문에
지켜지는 것이 아니고 하나님과의 생명적 종적관계 속에서
자아주관 자기결단으로 지켜지는 것입니다.

『천성경, 860』

한적한 시골 마을, 한 아주머니가 개와 돼지를 키우고 있었다. 집을 잘 지켰던 개는 맛난 밥을 얻어먹었지만 돼지는 항상 남은 음식 찌꺼기만 먹어 불만이 많았다.

어느 날 돼지는 마술봉으로 자신을 개처럼 짖을 수 있게 만들었다.

"멍멍!" 개 짖는 소리가 들리자 주인아주머니는 도둑이 든 줄 알고 뛰어왔다.

돼지가 개처럼 짖고 있는 것이었다. 돼지는 자신도 이제 아주머니의 사랑 속에 맛있는 밥을 먹을 수 있을 것으로 기대했다.

그런데 이게 웬일인가. 이튿날 아주머니는 미쳤다고 판단된 돼지를 낯선 남자에게 팔아버렸다. 지나친 욕망을 품었던 돼지의 말로였다.


일반적으로 행복은 욕망이 이루어질 때 찾아온다고 한다. 그래서 적당한 욕망에 대한 만족은 행복에 기여한다. 그러나 욕망이 제어되지 못하면 문제가 생긴다. 과도한 욕망은 자신의 위치를 떠나게 만드는데 타인과의 비교가 주된 원인이다.

돈과 능력과 스펙이 최우선 되는 이 시대는 타인과의 끝없는 비교로서 자신의 위치를 겨우 파악한다. 이래서는 행복이 찾아오기 힘들다.

나로서 살아야 한다.
내가 나인 것은 남과 같지 않기 때문이다.
나는 나이기 때문에 의미가 있고 그 자체로 충분하다.
남이 가진 것에 너무 눈 돌리지 말자.
돌아간 눈이 영영 못 돌아올 수도 있다.

행복을 위한 이 시대의 처방은 '안분지족(安分知足)'이다. 편안한 마음으로 자기 분수를 지키며 만족할 줄 아는 것이다.
오늘은 '안분지족'을 가슴 깊이 새겨보자. 행복하고 건강한 나의 삶을 위해서!

## 공감과 지지

마음과 마음의 경계선을 타파하여 하나로 결속시키는
누룩과 같은 것, 즉 원인이요 동기요 모체가 사랑입니다.
사랑하는 사람들끼리는 눈만 한 번 깜박여도
그것이 천지가 뒤집어지는 것처럼 느껴지고,
또 사랑하는 사람이 방긋 한 번 웃는 표정만 지어도
천지가 들락날락하는 것을 느끼게 됩니다.
그 경계선을 깨뜨릴 수 있는 것은 사랑밖에 없습니다.

『천성경, 304』

때때로 세상의 인식과 잣대와 규정에 자신을 그대로 방치하려는 경향이 있다. 이것이 긍정적 에너지라면 좋겠지만 8할이 그렇지 못한 데 문제가 있다.

이 관념들과 기준은 상당히 공고하여 쉽게 무너지지 않는다. 새로운 변화가 필요하고 그에 대한 공감과 지지가 필요하다.

2000년 김형희 트러스트무용단장은 뇌병변을 앓는 한 장애인을 소개받았다. 평생 춤춰본 적 없는 이 사람을 그는 반신반의하며 가르쳤다.

그런데 각각으로 뒤틀리는 몸의 움직임에서 생명의 환희가 흘러나왔다. 놀라웠다. 춤이 전문 무용수만의 것이 아닌 모두의 것임을 깨닫는 순간이었다.

그 후 서울가정법원 김귀옥 판사와 연결돼 보호처분 받은 아이들, 소위 문제아들에게 춤을 가르치기 시작했다.

정해진 시간은 5시간씩 총 5회뿐. 이대로 멈출 수 없다 싶어 2년 동안 사비를 들여 더 가르쳤다.

공연을 준비하면서 김 단장은 스튜디오에서 전문 무용수들처럼 포스터 사진도 찍어줬다. 자신들이 얼마나 소중한 존재들인지를 깨닫게 해주기 위해서였다.

공연 때 아이들은 무대에서 멋진 춤을 선보였다. 그 춤은 아픔을 치유하는 춤이었다. 세상 인식에 저항하는 춤이며 희망의 춤이었다.

가족이나 친구가 고민을 얘기하면 해결책을 찾는 거라 생각할 때가 있다. 그런데 그런 경우는 드물다. 대개는 해결책을 자신이 가지고 있거나 알고 있다.

그럼 왜 말할까?
그냥 이 마음이 저 마음에게 기대고 싶고
인정받고 싶은 것이다.
그러니까 공감과 지지만으로도 충분하다.
그것만 잘해줘도 마음에선 새롭고 큰 변화가 일어난다.

4부 대지에 흐르는 물  2017

## 자비

자기가 열을 주었으면 위하는 사랑은
반드시 열 하나로 돌아옵니다.
상대가 조그만 것으로 나를 사랑하고 위해 주었으면,
나는 그 이상의 것으로 돌려보내고 싶은 것입니다.
이것은 자꾸 확대해 들어갑니다.
확대 확대하면서 시일이 가면,
일생 동안 그러다 보면 이것이 나라를 넘고 세계를 넘고
영원한 세계, 천국을 넘고 천상세계를 넘어갑니다.

『천성경, 448』

중앙대 교양학부 선택과목 중 1초 만에 수강신청이 끝난 과목은 마가 스님의 '내 마음 바라보기'였다.

스님은 수년 간 최우수 강사였다. 2002년 마가 스님은 공주 마곡사에서 실직자·이혼자·구직자 등 각자가 처한 상황에 맞춰 템플스테이를 개설했다.

고통과 미움으로 얽히고설킨 저마다의 마음은 스스로의 강에서 평화를 찾았다.

출가 전에는 마가 스님도 고통의 길 위에 있었다. 스님이 세상에 나오기도 전에 아버지에게는 다른 여자가 생겼다. 아버지는 가족을 등지고 새 여자와 새살림을 차려 그 길로 떠났다. 가족들은 가난과 싸우고 슬픔과 싸웠다. 형, 누나의 배움은 초등학교를 넘지 못했다.

출가 후 10년 흐른 어느 날, 마가 스님의 마음을 꿰뚫어 본 큰 스님 한 분이 "출가 전에 어떻게 살았느냐"고 물었다.

그 질문에 숨이 턱 막힌 마가 스님은 다시 수행했다. 그러다 어느 날이었다. 아버지에 대한 원망이 사라지면서 '감사하다'는 말이 입 밖으로 터져 나왔다.

일주일을 울고 또 울면서 마음공부 중 최고는 미움을 고마움으로 바꾸는 것임을 깨달았다. 그 후 스님은 자비명상 교육에 앞장섰다.

자비는 남을 깊이 사랑하고 가엾게 여기는 마음이다.

자비는 기독교의 사랑과 많은 부분에서 닮아 있다. 상처가 또 다른 상처를 낳고, 증오가 또 다른 증오를 낳고 있다. 속절없는 세상에서 치유와 화해의 좌표 설정은 아득하다.

그것을 극복하는 방법은 나에 대한 위로가 아니라 상대를 위한 진실한 사랑임을 성인들은 말해 왔다. 이것은 대단히 어려운 길이다. 그래서 완벽히 이 길을 간 사람은 거의 없다. 그래도 한 걸음 한 걸음 나아가다 보면 모두가 함께 살 수 있는 따뜻한 길이 열리지 않을까 생각해 본다.

# 마음 수행

본성의 가치를 상실한 인간은
아무리 행락의 자리에서 춤을 추더라도
비탄의 소리가 양심 깊은 가운데서
밤낮을 쉬지 않고 들려온다는 것입니다.
이것을 피할 수 없기 때문에
인간의 길을 고행길이라고 말합니다.
이것을 해결하기 위해서
수도의 길을 찾아다니는 것입니다.

『천성경, 930』

과학문명 발달은 많은 혜택을 주었다. 그러나 행복을 느끼는 사람은 많지 않다.

사망률은 전쟁, 자연재해, 교통사고보다 서로 간의 갈등, 정신적 고통 등이 더 우위에 있다.

더 앞서고, 더 누리고, 더 많이 갖기 위해 발버둥 치면서 삶은 과거보다 고통의 절벽에 더 바짝 다가서 있다.

몸의 욕망 탓에 마음이 병든 이 시대 최대 화두는 '힐링'이다.

지친 대중을 위해 불교에서는 템플스테이를 통해 108배, 예불, 발우공양, 명상 등을 실시하고 있고 가정연합은 평화누리, 원리수련, 천심천보수행, 성지순례, 천보가정교회 등을 진행하고 있다.

체내에 독소가 제거돼야 건강해지듯,
마음 역시 시기·질투·미움·외로움·고립감 등
독소가 빠져나가야 평안함을 얻을 수 있다.
마음 수행이 모두에게 필요한 이유다.

# 마음에게 묻기

마음은 자연의 이치에 부합됩니다.

선을 향해 무한히 움직이고자 합니다.

그것은 나침반이 남과 북을 가리키는 것과 같습니다.

자연의 이치는 방향을 잃고

선을 피해 가는 법이 없습니다.

인간의 마음도 역시 어떤 목적을 향하여 움직이고자 합니다.

『천성경, 873』

겨울과 봄 사이
동백은 선홍빛으로 피어나고
봄이면 매화와 산수유가
수줍게 꽃망울을 틔운다.

해는 봄, 가을 동쪽에서 뜨고
겨울엔 남동쪽에서 뜬다.

나무 나이테는 남쪽이 더 넓고
나뭇가지는 남쪽이 더 무성하다.

자연의 이치는 어긋남이 전혀 없다.
인간은 자연의 일부다.

삶이 이치와 멀어졌다면
그것을 알고 있는 마음에게
다시금 깊이 물어야 한다.

## 홀로 있는 시간

깊은 심정세계에서 하늘을 중심삼고
홀로 감사하는 생활,
홀로 만족하는 생활을 할 수 있어야 합니다.

세상이 아무리 악하더라도
하늘땅을 바라보면서
'감사합니다. 나는 행복합니다'라고
할 수 있는 신앙생활을 해야 됩니다.

『천성경, 813』

특별히 이룬 것도 없는데 쉴 새 없이 바쁜 세상이다.

사람들을 만나 이야기를 나누고 인터넷을 하고 뉴스를 본다. 많은 것을 채움으로 더 풍족해져야 할 텐데 어쩐지 삶은 더 메말라가는 것 같다.

그럴 땐 잠시 홀로 있어야 한다.
무거워진 마음을 비워야 한다.
그러면 이전에 듣지 못한, 보지 못한, 느끼지 못한, 어떤 새로운 것이 영혼 깊숙이 찾아와 나를 깨어있게 만든다.

월든 호숫가에서 오두막 생활을 했던 헨리 데이비드 소로는 이렇게 말했다.
"아침 해가 솟아오르게 하는데 내가 일조하지는 않았지만 중요한 것은 해가 뜰 때 내가 깨어 있었다는 사실이다."

항상 깨어 있기 위해 노력하자.
그 삶이야말로 진짜 자신의 삶이다.

# 일상의 새로움

세상에 오직 하나밖에 없는 보물이 있는데,

그것을 잃어버리는 날에는 세계가 뒤집어진다고 합시다.

그런 귀중한 것을 마음속 가장자리에 갖다 놓겠습니까,

마음속 맨 중심에 갖다 놓겠습니까?

그 귀한 보물을 마음의 맨 중앙에 감추어 둘 것입니다.

그러고도 안심이 안 되어서 싸고 또 싸놓을 것입니다.

이렇게 하고 싶은 것이 사람의 마음입니다.

『천성경, 33』

뤄무가 쓴 『7일의 기적』에는 하버드대학 어느 학장 이야기가 나온다.

평생 가르치고 연구하는 일에 몰두해 온 학장은 대학에 휴가를 내고 여행을 떠났다. 가족은 동반하지 않았다. 어디로 무엇을 하러 가는지 묻지 말아달라고 했다.

미국 남부로 떠났다. 농장에서 일했고 식당에서 접시를 닦았다. 주인 몰래 숨어서 담배 피우고, 동료들과의 한바탕 수다는 청량했다.

휴가 중 가장 잊히지 않는 것은 마지막 식당에서 일한 지 불과 4시간 만에 해고됐을 때다. 주인은 그의 동작이 너무 느려 접시닦기에 적합하지 않다고 했다.

휴가를 마치고 대학에 돌아왔다. 그는 신선함과 흥미로움을 느꼈다. 단조로운 일상이 생기를 얻고 다시 새로운 출발의 계기를 확보했다.

큰 변화 없이 매일 반복되는 일상이 참을 수 없을 만큼 무료하게 여겨질 때가 있다. 그러나 어제 햇살과 오늘 햇살은 분명 다른 것이다. 똑같은 것으로 느껴질 뿐이다. 크든 작든 깨달음을 얻은 사람들은 대개가 동심의 얼굴을 하고 있다.

　일상의 작은 변화, 작은 놀라움, 작은 만남에 생(生)의 기쁨이 있음을 절감하는 것이다.

　　무료하다 느껴진다면 어린아이 같은 마음,
　　어린아이 같은 눈으로 하늘을 보고,
　　나무를 보고, 강을 보고, 사람을 보자.
　　일상은 매일이 새로움이다.

# 대지의 어머니 품으로

만물지중(萬物之衆)에 인간이 주인이 되어 있으니

만물 앞에 본이 되어야 합니다.

하나님을 부모로 모시고 자녀 입장에서 하늘이 준

모든 만물을 자기 생애의 교훈으로 삼아 거기에 화합해서

살면 천지 이치에 맞는 생활을 하게 됩니다.

그렇게 자연한테 배워서 자연이 화합하는 것과 같이

살아야 되는 것이 우리 인생길입니다.


『천성경, 599』

'특별한 스토리가 없기 때문에 분명 망할 것이다'라고 출연자들조차 암울하게 점쳤던 TV 예능 프로그램 자급자족 라이프 『삼시세끼』는 대박을 터트렸다.

강원도와 전라도와 어촌 등 한적한 시골 마을에서 텃밭도 가꾸고 직접 물고기도 잡아 끼니마다 가마솥에 불 때서 밥해 먹는 것이 이 프로그램의 전부이다.
그런데도 사람들은 이 프로그램이 시작되면 출연자들이 텃밭은 어떻게 일구고 아궁이에 불은 어떻게 지피나 턱을 괴고 멍하니 쳐다본다.
왜 그리 시청률이 높은가 분석해 보니 자연친화적 삶에 대한 동경 때문이었다.

장시간 노동과 과로에 찌든 한국 직장 남성들의 로망은 열심히 돈 모아서 은퇴 무렵에는 전원 속에서 살거나 여행 떠나는 것이라는 설문조사가 나왔다. 그만큼 간절히 자연을 동경하고 있는 것이다.

끝도 없는 무한경쟁 사회에서 많은 사람들이 원인 모를 불안과 스트레스, 통제하기 힘든 분노, 그리고 극도의 외로움에 시달리고 있다.

정신적 스트레스와 마음의 병은 외상보다 더 고통스럽고 치유가 어렵다고 전문가들은 말하고 있다.

사람 인체의 모든 것은 자연에서 왔다.
시리고 아픈 마음은
대지의 어머니 품으로 가야 치유될 수 있다.

왜 돈이 모아진 다음에야 자연 속으로 가려 하는가.
그곳에 살림을 차리려니 시간과 돈이 필요한 것이다.

오래가 아니라 자주로 생각을 바꾸고,
내일이라도 당장
흙과 나무가 있는 자연의 품으로 길을 나서자.

# 자연과 나

하나님을 직접 사랑하기 전에 여러분의 발 앞에서부터
여러분이 먹는 음식을 사랑하고, 물질을 사랑하고,
만물을 사랑하고, 여러분의 몸을 사랑해야 됩니다.
만물을 사랑함으로써 만물의 요소를 흡수해서
내 몸을 사랑하게 됩니다.
여러분의 제1의 부모는 여러분을 낳아 준 부모이지만
제2의 부모는 지구입니다.
여러분은 땅으로부터 여러분의 육신이 클 수 있게끔
요소를 공급받은 것입니다.
땅을 사랑하라는 것입니다.

『천성경, 658』

1970년대 한국 영화계의 거장 이만희 감독과 배우 문숙은 23살 나이 차이를 극복하고 결혼했다.

사랑은 짧았다. 결혼 1년 만에 이만희 감독은 지병으로 세상과 등졌다. 그 후 문숙은 미국에서 미술을 공부해 화가가 되었다. 그러나 가슴속 애타는 그리움은 하나도 가시지 않았다. 상실의 상처는 시시각각 자신을 무너뜨렸다. 하와이에서 다시 명상과 요가를 배웠고 자연치유에 심취했다.

30여 년이 흘렀다. 몸과 마음이 모두 건강해졌다. 문숙은 자연주의 전도사로 제2의 삶을 살기 시작했다.

그녀가 강조하는 화두는 음식이다.

몸이 몹시 아팠던 어느 날, 어릴 적 어머니가 끓여준 미역국이 생각나 3일간 그것만 먹고 훌훌 털고 일어난 적이 있다.

기억 속에 생생히 살아남아 있는 이 음식을 그녀는 '메모리 음식'이라고 말한다. 그런데 이 메모리 음식이 인스턴트나 가공식품으로 자리 잡았다면 어떻게 될까.

먹으면 먹을수록 문제가 되는 것이다. 그러므로 아무 생각 없이 입맛 당기는 대로 먹고 배를 채워서는 안 된다.

그녀는 음식 중에는 화를 돋우는 음식, 중심을 잃게 하는 음식, 욕심을 부추기는 음식, 마음을 울적하게 하는 음식, 마음을 평온하게 하는 음식 등 다양한 것들이 있다고 말한다.

그녀의 음식 철학을 들으니 음식이 더 이상 음식으로 보이질 않는다. 내가 자연이 되고 자연이 내가 되는 오묘한 경지. 그것이 음식 안에서 경이롭게 일어나고 있음을 느끼게 된다.

# 무엇을 버리고 남길까

모든 새나 동물은 쌍쌍으로 되어 있습니다.
서로가 사랑을 중심삼고 화동합니다.
이것은 천지조화입니다.
우주의 극과 극이 사랑을 중심삼고 화동이 벌어집니다.
인간은 이와 같은 사랑을 하나님이 지은
박물관의 교재를 통해서 배웁니다.
인간과 하나님이 좋다고 사랑하게 되면
천하의 모든 만물은 거기에 박자를 맞춰서 화동합니다.

『천성경, 467』

"신(神)은 시골을 만들었고, 인간은 도시를 만들었다"는 윌리엄 쿠퍼의 이 말은 비자연적 삶이 인간의 면역력을 떨어뜨리고 있는 데 대한 경고다.

갈수록 비대해져 가는 도시화는 비감염성질환인 암·당뇨·만성호흡기질환·심장질환·아토피·혈관질환 등의 사망률과 각종 정신질환을 심화시키고 있다.

그런 의미에서 헨리 데이비드 소로(1817~1862년)의 생태학적 삶은 깊은 울림을 준다.

미국 매사추세츠 주(州) 콩코드에서 태어난 소로는 하버드대학교 출신이다. 동창들은 변호사, 의사, 교수 등으로 이름을 알렸지만 그는 고향으로 돌아왔다. 숲속에 움막을 짓고 자급자족하며 살았다.

2년 2개월 간 월든 호숫가에서 자연과 벗하며 살았던 생활상은 저서 『월든: 숲속의 생활』에 고스란히 담겼다. 이 책을 쓴 이유를 소로는 돈과 성공을 위해 쉼 없이 달리는 사람들에게 참다운 삶이 무엇인지 알려주고 싶어서라고 밝혔다.

도시화 산업화 정보화가 갈수록 그 유익함, 편리함과 달리 인간의 고매한 정신을 파괴해 가고 있다.

더 좋은 것, 더 새로운 것, 더 빠른 것에 대한 갈증이 순수한 소박성을 잠식하고 있는 것이다.

인간 출현 훨씬 이전부터 존재해 온 자연은 천천히 가고, 적게 갖는 것을 미덕으로 여겼다.

생존과 조화의 원리를 자연은 정확히 알고 있고 그대로 실천하고 있는 것이다.

건강한 몸과 맑은 영혼의 온전성을 위해
오늘의 삶에서 무엇을 버리고 남기면 좋을까.

# 교감 I

꽃과 나비가 상호 간에 주체와 대상의 관계를 설정하며
수수작용을 통해 상존하고 번영해 가듯,
인간과 만물, 인간과 인간, 인간과 하늘 사이에도
엄연한 창조원리적 관계가 예지·예정되어 있는 것입니다.
삼라만상의 개성진리체들이 조화와 통일 속에서 이루어 낸
총합체인 대자연은 인간에 대해 절대 대상의 자리에 서서,
주체 된 인간의 절대가치를 실체화시키는
절대 역할을 하게 되는 것입니다.

『천성경, 1404』

강원도 영월 요선암은 씩씩한 물개들이 춤추는 듯 역동성으로 가득하다. 200m나 펼쳐진 주천강 강바닥은 이 돌개구멍 요선암이 무리지어 엎드렸다. 말없이 오랜 세월을 이겨낸 이 바위들은 이곳을 찾는 사람들에게 사시사철 값없이 기쁨을 선사한다.

전북 순창 강천산을 휘돌아 섬진강 장군목에 이르면 인간 역사가 개입되지 않은 태초의 기쁨이 서려 있다.
장군목의 백미는 '요강바위'다. 둘레 1.6m, 깊이 2m의 구멍이 꼭 요강 같다 하여 붙여진 이름이다. 아이 없는 아낙이 거기에 들어가 정성들이면 애가 생긴다는 전설도 있다.

이런 바위를 수년 전 도석꾼 20여 명이 중장비를 동원해 몰래 훔쳐갔다. 전문가들은 10억 원이 호가할 것이라고 했다. 경제적 가치를 떠나 요강바위는 수백 년 동안 그곳에서 나고 자란 마을 사람들의 오랜 친구였다.
마을 사람들은 눈물겹게 전국을 수소문했다.

경기도 광주 한 야산에서 요강바위를 찾아냈다. 마을 사람들은 운송비 500만 원을 스스로 모아 요강바위를 본래 자리로 옮겨왔다. 요강바위와 마을 사람들은 다시 단짝이 되어 정을 나누게 됐다.

사람과 사람이 정들어 가는 것은 순리다.
사람과 동물이 정들어 가는 것은 아름다움이다.

만약 사람과 무생물체가 서로 주고받으며 정들어 간다면 그것은 경이로움이라 해야 할 것이다. 이것은 사람과 사람, 사람과 동물이 주고받는 정을 뛰어넘는 더 깊은 극적 요소가 있을지도 모른다.

그러고 보면 모든 것이 주고받는 교감의 작용체가 아닌가 싶다. 다만 사람이 마음을 열어 다가서느냐 그렇지 못하느냐에 달려 있을 뿐이다.

# 물에서 얻은 깨달음

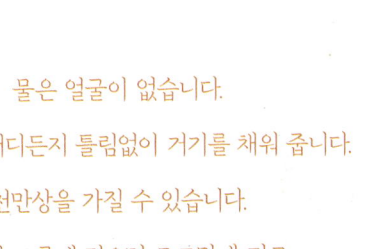

물은 얼굴이 없습니다.
담는 대로 어디든지 틀림없이 거기를 채워 줍니다.
천만상을 가질 수 있습니다.
조그만 그릇에 담으면 조그맣게 되고,
큰 탱크에 담으면 큰 탱크가 되고,
집채보다 더 큰 곳도 꽉 찹니다.
태평양 대서양 인도양 오대양이 있지만,
하나의 얼굴과 마찬가지입니다.

『천성경, 684』

물과 관련한 성현들의 철학은 깊다.

'살아 있을 땐 부드럽지만 죽으면 뻣뻣해지는 것이 사람'이라며 노자는 물(水)처럼 유연히 살아야 한다고 말했다.

공자는 '물은 밤낮없이 흐르며 쉬지 않는다'며 부단히 덕을 새롭게 하기를 역설했다.

문선명 총재는 어부보다 더 바다를 사랑했고 낚시 도(道)를 세운 것으로 유명하다.

그는 '바다로 모든 물이 모여드는 이유는 그곳이 가장 낮은 위치에 있기 때문'이라며 교만 없이 더 낮아지려 애쓰는 삶을 살아야 한다고 강조했다. 또한 '아무리 깊은 골짜기라도 그 골을 메워 수평을 만드는 것이 물의 특징'이라며 화합과 조화의 삶을 중요시했다.

서울 세종문화회관을 설계한 엄덕문은 일본 유학시절 문선명 총재의 단짝 친구였다.

그에 의하면 문 총재는 고향에서 보내온 학자금과 하숙비를 가난한 사람들을 위해 몽땅 써버렸다. 그래서 무일푼 고학생마냥 리어카를 끌어 학비를 벌었다. 큰 몸집과 달리 마음 여린 문 총재는 다리 밑 거지들과 함께 먹고 함께 울었다고 한다.

훗날 엄덕문은 문 총재의 진중한 삶에 동행할 것을 다짐하며 그에게 큰절을 올렸다. 인생 스승으로 모시겠다는 다짐이었다.

'지옥 밑창을 해방하기 위해선
그 세계의 시린 눈물을 닦아내야만 한다'는
문 총재의 말에서 물에 관한 신선한 깨달음을 얻는다.

# 5부
# 다시 만나고 싶은 인연

## 따뜻한 배려

참된 사랑을 갖고 만물을 사랑하고 보호 육성하는 사람이

만물에 대해서도 참된 주인이 되는 것입니다.

참된 주인은 그 지위나 위치가 만들어 주는 것이 아니고

그 사람의 인격과 사랑에 있습니다.

부모의 심정으로 모든 직원들을 사랑하고 배려하는 사장은

그 회사의 참주인이 되는 것이요,

부모가 자식을 기르고 아끼듯이 백성을 사랑하고

백성과 함께 동고동락할 수 있는 대통령이라야

그 나라의 참된 주인이 될 것입니다.

『천성경, 1412』

청각장애인 윤혜령씨는 20살 때 웹디자이너 일을 시작했다. 사람을 대면하지 않아도 된다는 점이 좋아 그 일을 택했는데, 5년 후 남은 것은 외로움뿐이었다.

사람들과 부딪히는 일을 해보고 싶다는 생각에 바리스타가 됐다. 사람을 상대하는 일은 쉽지 않았다.

하루는 일 하다가 컵을 깨뜨렸다. 사람들은 깜짝 놀랐다. 들을 수 없던 그녀는 깨진 컵만 치울 뿐 사람들은 안중에 없었다.

엄마는 깜짝 놀랐을 사람들을 생각해 보라며 "미안한 마음 갖고 상대를 배려해야 한다"고 말했다.

그녀는 다른 사람들에게도 그때 일을 얘기해 보았다. 두 가지 반응이 있었다. 하나는 엄마와 같은 생각이었고, 또 하나는 '그게 무슨 문제냐'는 것이었다.

그녀는 자신의 문제가 청각장애 때문이라고 여겼는데 그게 아니고 보통 사람들도 가질 수 있는 마음에 관한 문제임을 깨달았다.

그 후 그녀는 학원을 다니며 바리스타 공부를 더 체계적으로 했다. 커피 볶을 때 들리는 소리, 우유가 덥혀질 때 들리는 소리를 못 듣는 대신 그것을 눈으로 확인하고 진동으로 느끼는 방법 등 자신이 터득한 방법들을 자세히 기록했다.

그녀는 강사가 됐다. 많은 청각장애인들과 일반 수강생들에게 자신이 정리한 공부 내용과 자료를 아낌없이 전수해 세상과 소통하고 공감하는 바리스타가 되게 했다.

혜령씨 곁에는 좋은 사람이 많다.

그녀의 발음과 목소리 톤을 항상 교정해 주려 애쓰는 엄마, 수화를 배워 그녀와 좀 더 소통하고 싶어 하는 사장님, 그녀가 뒤돌아볼 때까지 기다려주는 손님들….

서로의 마음을 잇고 헤아리는 소통과 공감,
그 아름다운 시작에 따뜻한 배려가 있다.

# 말없이 그 마음속으로

거북한 자리를 해소하기 위해서는
자기 자신에 대해 솔직히 직고해야 됩니다.
'나는 본래 이러이러한 사람입니다'라고 솔직히 통고해서
'나는 이와 같이 못된 사람이지만 당신은 선한 사람이니,
나 같은 사람을 동정하여 갈 길을 모색할 수 있는 방안이 있으면
나에게 친절을 베풀어 주시옵소서'라고 해야 합니다.
그런데 그냥 그대로 버티고 서 있으면 아무리 자기가 한다고
하더라도 마음으로는 수습되지 않습니다. 그렇기 때문에
'나는 이러이러한 사람으로서 당신과 관계를 맺고 싶습니다.
그러니 동정을 베풀어 주시옵소서'라고 하려면
솔직히 직고해야 됩니다.

『천성경, 875』

무성(無聲)영화 희극배우 찰리 채플린(1889~1977년). 그는 영국 런던의 한 뮤직홀 배우였던 부모 밑에서 태어났다. 부모의 이른 이혼으로 어머니와 살게 됐지만 고아나 다름없는 무일푼 부랑아 신세였다.

그가 처음 무대에 선 것은 5살 때다. 사람들의 조롱으로 무대에서 내려온 어머니를 대신한 것이었다. 8살 때 극단에 들어가 본격적인 배우 생활을 했다. 천부적 재능을 인정받기 시작했다.

1913년 미국 순회공연 때, 영화 제작자 눈에 띄어 그 특유 스타일과 연기로 독립적 영역을 성취했다.

미국 할리우드 영화산업이 무성에서 유성 체제로 완전히 전환된 이후에도 채플린의 영화는 인기를 누렸다. 특히 꽃 파는 시각장애 소녀를 사랑하는 떠돌이의 순수한 진정성을 담은 이야기 '시티 라이트'는 크게 흥행했다.

이 영화는 촬영에 543일이 걸렸다. 그 중 떠돌이가 꽃 파는 시각장애 소녀와 만나는 장면에 368일이 할애됐다.

채플린은 떠돌이가 꽃 파는 시각장애 소녀에게 백만장자처럼 보이기 위해 승용차에서 내려 다가서는 모습을 수천 번 연기했다. 관객을 이해시키는 것을 넘어 강한 설득력을 얻어내기 위해서였다.

이런저런 일로 누군가와 마음 상하는 일이 생기면 어떻게 해야 좋을까. 안면 몰수도 한 방법이 될 수 있겠지만 자주 만날 수밖에 없는 사이라면 어떻게든 대화로 잘 풀어보려 애쓰기 나름이다.
그런데 '괜히 말붙였다'고 후회할 때가 더러 있다. 말하면 할수록 감정만 더 상하고 자꾸 꼬이는 것이다.

그렇다면 말 대신 진심 담긴 행동으로
다가서 보면 어떨까. 사랑하는 이에겐 꽃 한 송이,
동료에겐 따뜻한 차 한 잔.
무성으로 사람의 마음을 산 채플린이
우리에게 알려준 방법이다.

# 사랑해야 할 이유

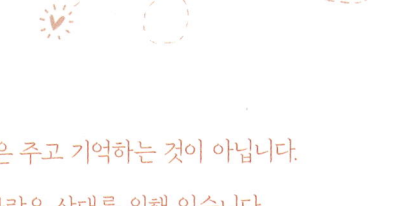

진정한 사랑은 주고 기억하는 것이 아닙니다.
진정한 사랑은 상대를 위해 있습니다.
그렇기 때문에 사랑을 하고 나서 '나를 생각해서
내가 너를 사랑했다'라는 그 자리로 가서는 안 됩니다.
사랑하고 나서 부끄러움을 느끼는 사람,
그 이상 많은 것을 느끼는 사람은
사랑의 원칙에 합격자가 될 수 있지만,
'내가 너를 사랑했으니까 너도 나를 사랑해야 된다'라는
사람은 이상적인 사랑의 원칙에 부합되지 않는 것입니다.

『천성경, 278』

2010년 4월 A양(16)이 법정에 섰다. 이미 14차례 절도, 폭행 등 전적이 있었다. 이번엔 친구들과 오토바이를 훔쳐 달아난 혐의와 폭행으로 구속됐다.

'소년보호시설 감호위탁' 같은 처분이 예상됐다. 그러나 판결을 담당한 김귀옥 판사는 A양에게 무거운 처분 대신 '법정에서 일어나 외치기'를 지시하며 이렇게 말했다.

"나는 세상에서 가장 멋지게 생겼다.
나는 무엇이든지 할 수 있다.
나는 이 세상에 두려울 게 없다.
이 세상은 나 혼자가 아니다."

김 판사를 따라서 외치던 A양은 끝내 참았던 눈물을 쏟았다.

A양은 간호사가 꿈이었다. 그 꿈을 이루기 위해 공부도 상위권을 유지했다. 그런데 어느 날 남학생들에게 끌려가 집단폭행을 당한 뒤부터 삶이 망가졌다.

어머니는 그 충격으로 몸에 마비를 겪었고 A양은 자존감을 잃고 비행 청소년들과 어울리며 범행을 저지르기 시작했다.

김 판사는 법정에서 "이 아이는 가해자로 재판에 왔다. 그러나 이렇게 삶이 망가진 것을 알면 누가 가해자라고 쉽사리 말할 수 있겠느냐"며 A양의 삶을 마음 깊이 위로했다.

상대의 잘못을 지적하기는 쉬워도 그 잘못의 전후 맥락을 헤아려보는 것은 간단치 않다. 낙인(烙印)이 아닌 그 삶의 결을 더듬어보려는 심적 연민이 확보되지 않으면 시작부터가 난항이다.

모두가 행복한 세상을 꿈꾼다.
그러나 그런 세상은 느닷없이 오지는 않을 것이다.
서로의 아픔을 함께 나누려는 마음이 없으면
끝까지 요원할지도 모른다.

정호승 시인은 "외로우니까 사람"이라고 말했고, "사랑이 있는 한 그 외로움은 견뎌낼 수 있다"라고 강조했다.

따뜻한 세상을 꿈꾸는 만큼 더 사랑해야 할 이유가 바로 여기에 있다.

# 교감 II

완전히 사랑받게 될 때에
완전히 주기 시작하는 것입니다.
그것이 천지의 원칙입니다.
주체로부터 완전히 받아야만 완전히 돌려주는 것입니다.
그것을 받기 전에 돌려주기 시작하면
완전한 것이 돌아오지 않습니다.
그것이 사랑을 중심한 수수작용,
원리원칙을 중심삼은 우주의 원칙입니다.

『천성경, 85』

우노 다카시(1944년)는 일본에서 주목받는 '장사의 신'이다. 와세다대학 경영학과에 들어갔다가 중도하차 하고 요식업에 뛰어들었다.

5평짜리 가게에서 출발해 수도권에만 20여 개 가게를 차렸다. 1978년 라쿠 코퍼레이션을 설립하고 선술집 '이자카야'를 대표 브랜드화했다.

"사원은 모두 독립시킨다"는 방침으로 300명 넘는 직원들을 전문 경영자로 길러냈다. 그들 모두는 우노 다카시를 '아버지'라고 부른다.

우노 다카시는 "토마토를 자를 수 있다면 밥집을 열 수 있고, 병뚜껑을 딸 수 있다면 술집을 할 수 있다"며 요식업 진입이 어렵지 않음을 피력했다.

대신 조건이 있다.

'접객'이다.

그가 말하는 접객이란 손님과 살아있는 대화를 하는 것이다. 손님 이름을 외워 그 이름을 불러주고, 날씨 음식 등 다양한 소재로 이야기를 주고받으며 '이 가게에 오길 참 잘했다'는 기쁨을 느끼게 해주는 것이다.

그는 최고 요리가 나오지 않더라도, 가게 인테리어가 그다지 멋지지 않더라도 충분히 손님들을 즐겁고 웃게 만들 수 있음을 강조한다.

그러면서 손님이 별로 없는 날에는 가게를 일찍 닫을 것이 아니라 몇 안 되는 손님에게 더 살뜰한 서비스로 응대하고, 손님이 많을 때 소홀해질 수 있는 여러 부분을 미리 준비할 수 있는 기회로 삼으라고 조언한다.

사람은 영적인 존재다.
지식이 많지 않아도 상대가 나를 진짜 위하려고
그러는지 이용할 목적인지를 바로 안다.

우노 다카시는 "손님은 가게를 보고 오는 게 아니라,
사람을 보고 오게 되어 있다.
가게가 아니라 사람이 명물이 되어야 한다"고 했다.

어느 상황에서든 상대를 향한
진정한 마음이 있어야 한다. 그래야만
다시 가고 싶고 계속 머물고 싶어질 것이다.

# 대화의 기본

힘 자체는 작용을 하는 것입니다.

작용하려면 그 힘을 작용시킬 수 있는 회로가 있어야 합니다.

그렇게 주고받을 수 있는 길이 없으면 힘은 작용하지 못합니다.

심장도 동맥 정맥과 같은 순환기관이 있기 때문에 작동합니다.

이와 같이 모든 작용은 반드시 주체와 대상의

상응관계를 갖추어야 됩니다.

힘이 존재하기 이전에 주체와 대상이 있어야 된다는 것입니다.

『천성경, 88』

래리 킹(1933년)은 미국에서 토크쇼 제왕으로 불린다. 그는 1950년대 ABC 방송국 잡역부로 들어가 우연한 기회에 능력을 인정받아 플로리다 지역의 저널리스트, 인터뷰어의 길을 걷게 됐다.

지난 50여 년 동안 그는 5만 명 이상을 인터뷰했다. CNN 방송에서 1985년부터 2010년까지 25년 동안 진행한 프로그램은 그의 이름을 딴 '래리 킹 라이브'였다.

그는 버락 오바마, 빌 게이츠, 넬슨 만델라, 빌 클린턴, 조지 부시, 마이클 조던 등 수많은 유명 인사들을 인터뷰했다. 속된 말로 그는 신(神)을 제하고 모든 부류 사람을 인터뷰했다. 전 세계로 전파 탔던 그의 토크쇼는 늘 시청률이 높았다. CNN에서 하차할 무렵, 푸틴 러시아 대통령은 직접 전화를 걸어 그의 은퇴를 만류하기까지 했다.

래리 킹은 대화의 제1규칙으로 '경청'을 들면서 "훌륭한 화자가 되기 위해서는 먼저 훌륭한 청자가 되어야 한다. 상대의 말을 주의 깊게 들으면 내가 말할 차례가 됐을 때 더 잘 응대할 수 있고 말을 더 잘할 수 있다. 상대방이 한 말에 대하여 적절하게 응대할 수 있는 능력은 곧 뛰어난 대담자들의 기본 태도"라고 말했다.

세상에서 가장 말 못하는 사람은
말을 정말 못하는 사람이 아니라
자기 말만 하는 사람, 말을 독점하는 사람이다.
대화란 '서로 마주하여 이야기를 주고받음'을 말한다.
상대를 전제한다는 뜻이다.
대화든 일이든 모든 성공적 관계의 우선은
역시 상대에 대한 존중에서 출발하는 게 분명하다.

# 인연

좋은 관계를 맺어야 됩니다.
투쟁 개념이 있어서는 안 됩니다.
인연은 관계를 맺어야,
상대적 입장이 되어야 됩니다.
인연이 있어서 왔으니 상대적인 관계가 되어야
관계가 맺어지는 것입니다.
관계라는 것은 나쁜 것을 중심삼고 하는 말이 아닙니다.
좋은 의미입니다.

『천성경, 869』

한국인이 좋아하는 수필 가운데 피천득의 『인연』이 있다.

17살 봄, 피천득은 일본 도쿄에 갔다. 어느 일본 사회교육가 집에 머물렀는데 부부 내외와 초등학교 1학년 어린 딸, 세 식구가 살고 있었다.

여자 아이의 이름은 아사코였다. 아사코는 피천득이 떠날 때 자기가 쓰던 손수건과 작은 반지를 이별 선물로 건넸다.

13, 4년이 흘러 다시 그 집에 갔다. 어린 아사코는 대학생이 되어 있었다. 세월이 흘러 서먹했지만 그의 존재를 아사코는 기억하고 있었다. 늦은 밤까지 두 사람은 문학 이야기를 하다가 가벼운 악수를 하고 헤어졌다.

그로부터 또 십여 년이 흘렀다. 2차 대전과 6·25전쟁이 있었다. 피천득은 아사코의 안부를 간혹 생각했다.

다시 그 집을 찾아갔을 때 그녀는 한 남자의 아내가 되어 있었다. 그는 아사코와 몇 번씩 인사만 하고 악수도 없이 헤어지면서 이렇게 생각했다.

"그리워하는데도 한 번 만나고 못 만나게 되기도 하고, 일생을 못 잊으면서도 아니 만나고 살기도 한다. 아사코와 나는 세 번 만났다. 세 번째는 아니 만났어야 좋았을 것이다."

불교에서는 옷깃만 스쳐도 인연이라고 한다. 전생에 엄청난 만남이 있어야 옷깃 같은 인연도 가능하다는 것이다.
좋은 물건, 아름다운 꽃도 자주 보면 식상해지듯 좋은 사람도 자주 만나면 좋은 느낌은 점점 작아지고 단점들이 크게 보이는 경우가 있다.
그 사람이 변한 것일까.
어쩌면 그를 바라보는 나의 마음이 변한 것은 아닐까.

인연은 공기처럼 매 순간 소중하다.
처음 가졌던 소중한 마음으로 매일 마주하는
각 인연들을 고맙게 바라보자.

# 관계의 힘

주체와 대상의 관계라는 것은

시간과 공간을 포괄하고 있습니다.

관계를 맺게 될 때 상대는 낮은 자리에 있지만

큰마음을 가지고 대하면

그 상대에게도 큰 영광을 주는 것입니다.

부모의 마음이 넓으면 넓을수록

그 상대도 그렇게 되는 것입니다.

반드시 주체 앞에는 대상존재가 생기게 마련입니다.

『천성경, 870』

역사는 장영실을 천재 과학자로 기억하고 있다. 기생 아들에 노비였던 그를 임금 세종은 갖은 반대 물리치고 등용했다.

황희는 역대 최고 재상으로 손꼽힌다. 그는 태종이 충녕대군(세종)을 세자로 지명할 때 강력 반대한 탓에 유배당했다. 그런 황희를 세종은 즉위 후 다시 불러 영의정까지 올렸다. 세자 지명의 반대 명분이 사욕에 있지 않았기 때문이다.

세종은 집현전 설치 후 많은 인재를 발탁해 연구토록 했다. 그는 독단적 결정을 멀리했다. 집현전 학자들과 밤새 토론하며, 연구 성과를 국가 정책에 최대한 반영했다.

조선 500년사는 물론 현재까지 영향 미치고 있는 최고의 드림팀을 세종은 어떻게 만들었을까?

그의 높은 학식과 안목은 물론이요,
탁월한 관계성에 주목하지 않을 수 없다.

세종은 사람에 대한 편견과 차별이 없었다. 실력과 됨됨이를 보고 지원했다. 이에 신하들은 국부이자 임금이었던 그 앞에 효(孝)와 충(忠)으로 보답했다.

믿음과 신뢰가 바탕이 된 좋은 관계 속에
좋은 결과가 찾아옴을 역사가 말하고 있다.

# 다시 만나고 싶은 사람

세계를 하나로 만드는 것은 위대한 힘 가지고,

위대한 지식 가지고 안 됩니다.

사랑을 가지고 만들어야 됩니다.

힘으로 통일시킨 것은 힘이 없을 때에는 갈라지지만,

희생으로 통일시킨 것은 힘이 없어도 안 갈라집니다.

그래서 나를 희생하라는 것, 남을 위해 살라는 것은

우주와 통할 수 있고, 하늘의 영원한 사랑과

제일 단거리에 설 수 있게 하기 위한 하나의 주장입니다.

『천성경, 1068』

세월이 흘러 사람들은
어떤 사람을 추억하며 다시 만나고 싶어 할까?

높은 지위와 명예 가졌던 사람이 보고 싶을까?
범접할 수 없는 카리스마 가졌던 사람이 생각날까?
해박한 지식 가졌던 사람일까?

첨탑처럼 높다란 권력과 명예 앞에 머리 숙이고
종속되고 싶은 사람은 아무도 없다.

가진 지식의 양만큼 그 삶과 진정성이
탄탄히 뒷받침되지 않는 사람의 말에는 어느 누구도
귀 기울이고 싶지 않다.

사람들은 자신의 말을 선입견 없이 마음 문 열고
잘 경청해 주었던 사람을 그리워한다.

식사 때면 말없이 주위 사람들 컵에 물 따라 주고,
냅킨과 수저를 놓아주었던 그때 그 사람을
다시 만나고 싶어 한다.

내가 의식하지 못할 때도 그저 나를 위해
마음 다했던 그 손길 그 정성이
세월이 흘러서도 다시 생각나는 것이다.

사람 속에는 마음이 있다.
보이지 않지만 그 마음은 사랑을 주고
또 사랑을 받아야만 자라날 수 있다.

그래서 사랑 많은 사람이 그리운 것은
어딜 가나 인지상정이며,
사랑 가득한 사람이 평화의 주인인 것 또한
너무도 자명한 사실이다.

# 서로에 대한 믿음

한문으로 믿음이라는 글자를 써 보면 '신(信)' 자입니다.
'사람 인(亻)' 자를 떼어내면 '말씀 언(言)' 자만 남습니다.
믿음이란 결국 사람의 말을 뜻합니다.
이때 말이란 사람과 사람의 관계를 맺어 주는 것을 의미합니다.
관계가 맺어지려면 믿음이 있어야 됩니다.
이러한 근본이 사랑으로 빚어진 인연에서 나온 것입니다.
그 인연은 자기 멋대로 맺어진 것이 아닙니다.
그 인연이 맺어질 힘의 여건이 있었고, 목적하는 바의 기준이
서로 부합될 수 있었기 때문에 맺어진 것입니다.

『천성경, 839』

2021년 10월 농림축산식품부는 '동물등록 자진신고' 기간에 등록된 반려견이 17만9,193마리라고 발표했다.

작가 김훈은 산문 『라면을 끓이며』에서 '개'에 대해 깊이 있게 말했다. 그 가운데 사냥개에 대한 서술은 많은 공감이 갔다.

조금 요약해서 적어본다.

사냥꾼들에게 사냥개는 그냥 개가 아니다. 외로움을 함께 하는 동반자요, 사력을 다해 사냥감을 쫓는 추격자요, 주인 오기까지 먹잇감을 사수하는 제2 사냥꾼이다.

사냥꾼의 개들은 주인과의 오랜 동고동락 가운데 훈련된다. 주인의 눈빛과 성격과 음성과 발걸음을 정확히 이해하고 보조를 맞춘다.

멧돼지 사냥의 경우, 개들이 먼저 몰이를 하고 주인이 뒤쫓아 와서 사격하는 것이 그 수순이다. 만약 멧돼지가 들이받으면 개는 한 순간에 끝장이다. 그것을 알고도 개는 그 자리를 사수한다.

노루 사냥도 개들이 앞장서고 사냥꾼이 뒤따른다. 개가

안내를 잘못하면 그날은 공을 치게 된다. 이런 날도 사냥꾼은 개들을 칭찬한다.

길잡이를 똑바로 못 했다고, 멧돼지 몰이가 서툴렀다고 혼을 내면 자존감이 떨어져 그때부터 사냥개로서의 감각을 잃게 된다.

사냥꾼과 개의 그 끈끈함을 보면서 우리 사회를 생각해봤다. 한마디로 신뢰의 빈곤이다.

최선을 다해도 결과가 나쁘면 칭찬은 고사하고 야단맞고 문책당하기 일쑤다. 사회도 그렇고, 학교도 그렇고, 심지어 가정도 그렇다. 경쟁사회니 결과를 무시할 수는 없을 것이다. 그렇다고 최선을 다한 그 과정까지 인정받지 못해서야 어떻게 힘을 내서 전진할 수 있겠는가.

서로에 대한 믿음이 무너지면
결과에 관계없이 그때부터 내리막이다.
믿음이 가장 중요하다.

## 솔선수범

사랑을 찾아갈 때는 마음이 먼저 갑니다.
그런데 상대가 안 될 때에는 지금까지 투입했던
모든 것은 없어지는 것입니다.
그래서 하나님은 하나님의 사랑이 성립될 때까지
두근거리는 것을 계속해서 자꾸 이으려고 합니다.

그러려니 계속해서 완성될 때까지 투입하고
투입하는 마음을 가지고 창조 활동을 해 나갑니다.
여기에 위하는 철학의 근본 논리가 있습니다.

『천성경, 351』

2016 리우올림픽에서도 한국 양궁은 금빛으로 반짝였다. 미국을 꺾고 금메달을 따낸 남자 대표팀은 결승전 18발 가운데 15발을 10점에 꽂아 넣었다. 여자 대표팀은 1988년 서울올림픽 이후 단 한 번도 단체전 금메달을 놓치지 않았다.

세계 언론은 한국 양궁을 '신궁(神弓)'이라 표현했다. 인간이 도달할 수 있는 경지는 더 이상 없다는 의미다.

한국 양궁이 탁월한 이유로 크게 4가지를 주목한다.

첫째 학연·지연 등 모든 외적 요소를 배제하고 오직 실력으로만 선수를 선발한다. 둘째 최종 선발 이후 컨디션·성적 등이 부진해도 끝까지 선수를 신뢰한다. 셋째 선수의 심리적 안정과 기량을 높이기 위해 양궁협회가 무한 지원한다. 마지막으로 명령이 아닌 솔선수범으로 감독들이 앞장선다.

이 가운데 감독들의 솔선수범은 선수들 가슴에 깊은 울림을 안긴다.

담력을 기르기 위한 번지점프 훈련 때 고소공포증으로 주

저하는 선수를 위해 감독이 65m 높이에서 먼저 뛰어내린다. 집중력 향상을 위한 서부전선 GOP 근무 훈련에도 감독들이 투입된다. 11시간 동안 경보로 산길을 걷는 체력 훈련에도 모든 감독들이 참가한다.

『두사부일체(頭師父一體)』란 코미디액션 영화가 있다. '두목과 스승과 아버지는 하나다'라는 의미로 명령의 지엄함을 강조한다. 하지만 '두사부'들이 우레같이 명령하고, 험상궂게 눈알 부라린다한들 영(令)이 서겠는가. 꼰대라는 소리 안 들으면 다행이다.

결국 마음을 사야 한다.
'진정으로 나를 위해주고 있구나' 하는 마음이
상대에게 전달돼야 한다.

이것은 자명하다. 그러나 아무나 할 수 있는 것이 아니다. 한국 양궁이 지금까지 최정상을 지킨 위대한 이유다.

## 방향의 중요성

1년을 잃어버리지 않고 한 달을 잃어버리지 않는
확실한 길을 가야 됩니다.
청춘 시대에 1년을 어떻게 소화하느냐 하는 것이
가장 중요합니다.
자기 관(觀)을 가지고 거기에 맞춰 가야 됩니다.
배가 항해하는 데 있어서 방향을 잡고 나서
시동을 걸고 항해를 시작해야 됩니다.
만일 가다가 돌아서는 날에는 그만큼 힘이 듭니다.

『천성경, 582』

가정연합 한 학생이 북한 돕기 모금을 위해 캐나다 한인 타운 어느 세탁소에 들렀다.

서울 유명 대학을 나온 세탁소 사장이 말했다.

"금쪽같은 시간에 공부를 해야지 나중에 무엇이 되려고 이런 걸 하고 있나?"

학생이 말했다.

"아저씨처럼 세탁소 주인이 되려고 합니다."

말문 막힌 세탁소 사장은 멋쩍은 표정으로 동전 몇 개를 모금함에 넣었다.

대학 졸업하면 좋은 회사에 취직하고 그 다음엔 능력 있고 멋진 짝을 만나 결혼하고, 중년 이후엔 넉넉한 부(富)를 갖춰야 행복한 삶의 반열에 들어설 수 있다는 세상 통념이 있다.

그러나 그런 바람과 기대를 넘어 평화와 나눔을 위해 더 낮은 곳, 더 후미진 곳으로 향하는 용기 있는 사람들과 맞닥뜨리면 가슴이 떨려온다.

세상 모든 강물을 이끌어내는 바다 같은 삶!

용기 있는 그들을 통해 가치 있는 인생은 무엇이고,
삶은 어디로 나아가야 하는가를 다시
진중히 생각하게 된다.

# 사랑의 근거지

사랑의 근거지는 자기 자체에게 있는 것이 아니고
상대에게 있습니다.
그렇기 때문에 상대의 가치를 백 퍼센트 인정하는 데서만이
백 퍼센트 사랑의 가치가 드러나는 것입니다.

사랑의 길에서는 왜 희생해야 되느냐?
그것은 자기 것이 아니기 때문입니다.
상대라는 근거지를 두고 있기 때문에
그 근거지에 완전히 일치될 수 있는 여건을 제시하지 않고는
사랑의 목적을 달성할 수 없습니다.

『천성경, 347』

법정 스님은 『무소유(無所有)』 작가로 일찍이 이름을 알렸다. 일생동안 스님은 30여권의 책을 세상에 펴냈다. 대부분 책들이 오랜 세월 베스트셀러로써 수많은 사람들에게 읽히고 또 읽혔다.

각 출판사 관계자들은 인세만도 수십억 원이 넘는다고 했다. 매년 초가 되면 스님은 늘 출판사에 인세 달라고 재촉했다. 출판사는 스님이 책에서 말한 것과 다르게 너무 돈을 밝히는 사람이 아닌가 하는 불편한 의심까지 했다.

그러나 정작 몸이 아팠을 때 스님에게는 병원비 낼 여유조차 없었다. 사람들은 스님이 입적(入寂)한 후에야 그 많은 돈이 어디에 쓰였는지 알게 됐다.

스님은 등록금을 내야하는 새 학기 때마다 어려운 학생들에게 장학금을 지급했다. 큰 뜻 품고 유학 가는 학생들, 가정형편으로 고등학교 대학교 진학에 어려움 겪는 학생 등 30여 년 동안 수백여 명 학생들 후원을 옥바라지하듯 이름 없이 해오셨다.

"선행이란 내가 잠시 맡아 가지고 있던 것을 되돌려 주는 것"이라고 말한 법정 스님에게서 내가 아닌 상대에게 사랑의 근거지가 있음을 깊이 깨닫는다.

## 인생의 가치

생애의 가치적인 내용이 어디에서 결정되느냐?
생애를 다 살고 결정되는 것이 아닙니다.
하루하루 삶의 날들이 결정하게 마련입니다.
그렇기 때문에 잘살아야 됩니다.
잘사는 것은 생애의 모든 노정을 대표할 수 있는
나날들을 뜻있게 보내는 생활입니다.
'잘산다' 하게 되면 생애노정에서 반드시
제일 가치 있게 사는 날일 것입니다.

『천성경, 754』

20세기 최고 여배우를 꼽는다면 누구를 거론해야 할까.

오드리 햅번(1929~1993년)을 빼놓을 수 없다.

영국인 은행가 아버지와 네덜란드 귀족 어머니 사이에서 태어난 그녀는 빼어난 미모와 연기력으로 전 세계 수많은 사람들의 마음을 사로잡았다.

영화가 나올 때마다 그녀의 헤어스타일과 패션은 국경을 초월해 늘 유행했다. 그러나 사람들이 기억하는 은막의 여주인공 모습이 그녀의 전부가 결코 아니었다.

말년에 아들에게 보낸 편지에서 그녀는 이렇게 기록했다.

"아름다운 입술을 갖고 싶으면 친절한 말을 하라.
사랑스런 눈을 갖고 싶으면
사람들에게서 좋은 점을 찾아보아라.
날씬한 몸을 갖고 싶으면
너의 음식을 배고픈 사람과 나누어라.

네가 더 나이 들면 손이 두 개라는 것을 발견하게 될 것이다. 한 손은 너 자신을 돕는 손이고 다른 한 손은 다른 사람을 돕는 손이다."

오드리 햅번은 인생 후반부를 봉사에 아낌없이 할애했다. 자신의 도움이 필요한 곳이면 어디든 달려갔다. 특히 아프리카 어린이를 돕는 자선사업과 홍보에 크게 일조했다.

그녀가 세기를 넘어 아름다움의 표상이 된 것은 은막 속 아름다움보다 더 아름다운 진실한 삶이 있었기 때문이다.

그녀의 삶을 보며 인생의 가치가 어디에 있고, 그 가치가 어디에서 결정되는지 다시 생각한다.

# 인간이 알아야 하는 진리

사랑은 어디서 오느냐?

자기 자신으로부터 오는 것이 아니라 상대로부터 오는 것입니다.

상대가 없어서는 사랑을 찾을 수 없기 때문에

그 사랑을 찾기 위해서는 상대를 위해 줘야 됩니다.

상대를 위해 주지 않고는 사랑의 길을 찾을 길이 없습니다.

『천성경, 95』

산악인 엄홍길은 2000년 7월 31일 해발 8,611m K2에 오르면서 히말라야산 8천m급 14좌를 등정하는데 성공했다. 세계에서 8번째 아시아에서는 최초였다.

2004년에는 히말라야 얄룽캉(8,505m), 2007년 5월말에는 로체 위성봉인 로체샤르(8,382m)에 오르면서 세계 최초로 8천m 16좌 완등의 새 기록을 썼다.

16좌에 오르기까지 엄홍길은 20년 동안 히말라야를 38번 오갔고, 20번 8천m급 정상에 올랐다. 그를 '엄 대장'이라 부르는 사람들은 여기까지 알고 있다.

하지만 이 여정에서 18번 쓰디쓰게 실패했다. 1998년 안나푸르나 8,091m 봉우리에 네 번째 도전했을 땐 오른쪽 발이 반대방향으로 완전히 꺾여 돌아가고 정강이뼈는 으스러져버렸다. 이승과 저승을 오가는 3일간의 사투 끝에 겨우 기어서 내려왔다. 여러 차례 빙벽과 눈보라에 포위되면서 목숨 같은 동료 6명과 현지 세르파 4명도 잃었다.

매번 망자의 넋과 그 망자를 오열로 떠나보내는 가족의 슬픔을 지켜보는 것이 그에게는 무너지는 고역이었다.

히말라야 16좌 완등 후 엄 대장은 네팔에 학교 짓는 교육 사업을 전개하고 있다. 청소년 희망원정대를 꾸려 실패를 두려워하지 않는 사람이 되도록 가르치는 일도 하고 있다.

수십 번 생명의 위기를 맞으며 히말라야에서 그가 배운 것은 위하여 사는 나눔의 생활이다.

누구는 이 진리를
어두운 밤 파도와 싸우면서 배우고
또 누구는 뙤약볕 사막 한 가운데서 배운다.
언제, 어디서, 어떤 방법으로 깨달음을 얻든
결국 인간이 알아야 하고, 가야 하는 진리는
사랑의 길이다.

# 기부

하나님의 사랑과 관계를 맺기 위해서는
자기를 위하려고 해서는 안 됩니다.
자기를 위하려는 사람은 하나님과는 상관없습니다.
그러므로 사랑의 독재자가 되기 위해서는
자기를 위하는 것이 아니라 위하려고 해야 합니다.
위하려고 하는 사랑의 독재자,
절대적인 주인 된 분이 하나님입니다.
그렇기 때문에 위하려는 사랑을 본질로 해서
절대적인 유아독존의 자리에 계시는 분이 하나님입니다.

『천성경, 68』

'튀김 소보로'로 유명한 대전의 성심당 빵집은 2005년 불길에 휩싸여 잿더미가 됐다.

임영진 대표는 가게를 그만 접기로 했다. 대기업과 어깨를 나란히 한다는 것도 불가능하고 매달 직원들 월급 주기도 애가 탔는데 불까지 났으니 정리할 이유는 충분했다.

그런데 직원들은 포기하지 않았다. 시커먼 그을음을 지우고 제빵기를 고쳤다. 빵은 6일 만에 다시 세상에 나왔다.

이 일을 계기로 임 대표는 성심당의 존재 의미를 다시 생각했다.

원래 성심당은 그의 아버지 임길순씨가 6·25전쟁 때 이북에서 내려와 1955년 대전에서 찐빵 장사를 하면서 시작됐다. 구사일생으로 목숨 건지고 주위 도움 받아 기반을 잡게 된 임길순씨는 여생을 남을 위해 살겠다고 다짐했다.

찐빵 300개를 만들면 200개만 팔고 나머지 100개는 반드시 배고픈 이웃들에게 아낌없이 베풀었다. 장사로 이윤 남기는 게 주가 아니라 배고픈 사람 돕는 게 목적이었다. 장사는 그것을 위한 수단이었다.

큰 시련으로 아버지 뜻을 다시 깨달은 임 대표는 매달 3,000만 원어치의 빵을 기부하고 있던 것에 더해서 직원들에게 회사 수익 15%를 인센티브로 돌려주는 일을 시작했다.

함께 성장하고 함께 기뻐하겠다는 의미로 나눔의 질을 한 차원 더 끌어올렸다.

세계 유수 경전들의 결론을 한마디로 요약하면
'사랑'일 것이다.
모두 남을 돕고 사는데
삶의 참 의미가 있음을 갈파한다.

혹자는 기부할 때 '이 돈이 바르게 쓰일까'를 염려한다.
기부를 가슴이 아닌 머리로 이해한 탓이다.
그런 염려는 접어두고 일단 작게라도 실천해 보자.

누군가와 나눌 수 있다는 기쁨은
분명 우리의 가치를 높여줄 것이다.

# 나눠야 하는 이유

하나님이 존재하기 위한 기원이 뭐냐?

전지전능입니까?

절대적 권한입니까?

혼자 있는데 절대적 권한이 있으면 뭘 합니까?

하나님의 본질이 무엇이냐 하는 문제가 중요합니다.

그것이 사랑입니다.

위하라는 사랑이 아니고,

위하려고 하는 사랑입니다.

『천성경, 94』

카이스트(한국과학기술원) 산업디자인학과 배상민 교수는 '나눔'을 강조한다.

그의 연구소 이름은 'ID+IM'이다.
3가지 뜻이 담겨있다.

첫째 '나는 꿈을 꾼다, 고로 존재한다.'
둘째 '나는 (그 꿈을) 디자인한다, 고로 존재한다.'
셋째 '나는 (그 디자인한 것을) 기부한다, 고로 존재한다.'

1997년 27살에 그는 동양인 최초로 미국 파슨스디자인스쿨 최연소 교수가 됐다. 코닥, 코카콜라, 3M 등 유명 기업들은 최고 산업디자이너인 그를 원했다.

어느 날 그는 자신이 디자인한 제품들이 6개월만 지나면 아름다운 쓰레기로 변하는 것에 깊은 회의를 느꼈다. 이런 생각은 보다 의미 있는 디자인을 하도록 이끌었는데 그 종착지가 '나눔'이었다.

2005년 카이스트에 온 이후 그는 디자인계 세계 4대 상(賞)을 전부 휩쓸어 그랜드슬램을 달성했다.

말라리아로 5초마다 한 명씩 죽어가는 아프리카 어린이를 위한 '사운드 스프레이', 깨끗한 1급수(水)를 제공하기 위한 '황토 정수기' 등은 하나같이 '나눔'에 목적이 있다.

배 교수는 "전 세계 사람들 중 컴퓨터는 7%, 대학교육은 1%, 음식은 30%밖에 갖고 있지 않다"면서 "그들과 우리의 차이는 그들은 아프리카, 우리는 대한민국에서 태어났다는 것 뿐이다"라고 말한다.

그러면서 "대한민국에 태어나기 위해 우린 무슨 노력을 했는가?"라고 묻는다.

돌아보면 값없이 주어진 것이 너무 많다.

금수저, 흙수저를 운운하지 말자.
수저 그 자체가 없는 사람이 지구상엔 부지기수다.

우리는 전 세계 7%(컴퓨터), 1%(대학교육),
30%(음식)에 속한다. 우리는 여기에 속하지 못한
세계 사람들에게 빚지고 있다.
나눔이 '선택'이 아니라
'반드시'가 돼야 하는 이유가 여기에 있다.

# 가치 있는 삶

하나님은 사랑을 중심삼고 창조를 시작했습니다.
투입하는 것은 손해인데, 하나님이 왜 그렇게 했겠습니까?
사랑은 모든 것을 채우고도 남을 수 있는 힘이 있기 때문에
소모시켜서 투입했지만 그 대신 사랑을 찾아오는 것입니다.
참사랑은 투입하면 투입할수록 커지는 것입니다.
참사랑의 세계는 움직이면 움직일수록 커 갑니다.
사랑을 점령하려면 투입하고 잊어버리고
투입하고 잊어버려야 됩니다.

『천성경, 271』

미국 '건국의 아버지' 중 한 사람 벤저민 프랭클린. 그는 헌법의 기초를 마련하고 외교관·발명가·출판인·문학가 등으로 왕성한 활동을 펼쳤다.

아버지의 재혼으로 열일곱 형제 중 열다섯 번째로 태어난 그는 정규 교육은 고작 2년밖에 받지 못했다. 하지만 12살 때부터 근면 성실하게 일해 크나큰 부와 명예를 일궜다.

그가 인류 사회에 공헌한 여러 업적 중 빼놓을 수 없는 것이 피뢰침 발명이다. 낙뢰(落雷)로 큰 사고 및 피해를 입는 사람들을 보고 그는 스스로 전기를 공부했다.

1752년에는 아들과 함께 연을 이용한 실험을 통해 번개가 구름 속에서 발생하는 전기임을 증명했다. 이 실험을 하다가 감전사고로 목숨을 잃을 뻔했다.

그러나 시련보다 사람들에게 도움을 줄 수 있을 것이라는 희망에 더 큰 기쁨을 얻었다. 갖은 연구 끝에 마침내 피뢰침이 만들어졌다. 필라델피아 지역에서 실용화된 이후 세계 각국으로 급속히 전파됐다.

그는 어머니에게 보낸 편지에서 "후세 사람들에게 부자로 살다가 죽었다는 말보다 가치 있는 삶을 살았다는 말을 듣고 싶다"라고 했다.

대가를 바라지 않고
누군가를 위한다는 것이 간단치 않은 세상이다.
그만큼 삶은 숨 막히도록 여유가 없다.
그럼에도 불구하고 아낌없이 남을 돕는 사람들이 있다.
돈이 많아서가 아니다.
시간이 많아서도 아니다.
그들은 억만금을 주고도 절대 살 수 없는 가치가
그 안에 담겨 있다고 힘주어 말하고 있다.

## 말없이 서 있는 사람들

사랑에는 창조의 능력이 있기 때문에 지치지 않습니다.

사랑의 마음을 가지면 아무리 투입해도

소모된 에너지 이상 언제나 보충할 수 있는

사랑의 힘이 있기 때문에 지치지 않습니다.

그렇기 때문에 고통스럽더라도 싫지 않은 것입니다.

참사랑을 위하는 길에는 영원히 싫은 마음이 있을 수 없습니다.

참사랑 가운데 있기 때문입니다.

『천성경, 623』

오동찬 국립소록도병원 의료부장은 20여 년 전 소록도에 왔다. 공중보건 희망 지역을 지원할 때 소록도를 선택했다. 의과대 학생시절부터 소록도 나병환자들을 돌보고 싶다는 마음을 간직하고 있었기 때문에 기쁨 속에 선택했다.

가족은 반대했다. 항암치료 중이던 어머니는 특히 완강했다. 다른 지역도 많은데 왜 하필 그곳이냐는 것이 이유였다. 어머니는 "(내) 눈에 흙 들어가면 가라"며 눈물로 호소했다.

그는 소록도가 오지로 분류돼 있어 1년만 근무하면 원하는 곳 어디든 갈 수 있다며 어머니를 설득했다.

소록도에서 그는 하루 종일 환자들과 살았다. 오전은 진료하고 오후엔 수술, 밤에는 회진을 하거나 주민들과 담소를 나눴다. 그렇게 1년이 지났다.

공중보건 지원 나왔던 의료진 대부분이 육지로 떠났다. 그는 남기로 했다. 그곳 사람들이 너무 좋았고 자신이 필요하다고 생각했다.

아무리 기다려도 아들 돌아온다는 소식이 없어 어머니가 소록도에 왔다. 나병 걸린 주민들은 좋은 아들 보내준 것에 한사코 머리 숙여 감사했다.

배 타고 떠나올 때 어머니는 "미안하다. 힘들게 살고 계신 분들에게 너를 보내지 않으려고 붙잡고 원망해서… 가족같이 잘 보살펴 드려라"라고 말했다. 3개월 뒤 어머니는 세상을 떠났다.

저마다 다른 환경, 다른 생각으로 살아가지만
사랑의 길이 숭고하다는 것에는 이의가 없다.
그 밑바탕에 희생이 전제돼 있기 때문이다.

그 길은 혼자서 가는 것 같지만 알게 모르게 가족들이 동참해서 함께 간다.

그래서 의로운 사람에게 박수를 보낼 땐 그 뒤에 말없이 서있는 가족들에게도 깊은 감사를 보내야 한다.

# 아낌없는 희생

사랑은 희생의 본질을 떠나서는 있을 수 없습니다.
사랑하는 사람을 위해 희생했다고 해서
그 희생을 희생으로 생각하지 않습니다.
희생하면 희생할수록 보람을 느끼는 것입니다.
사랑이란 그런 상이한 소성을 갖고 있습니다.


『천성경, 51』

뇌종양을 앓던 28세 여교사.

그녀는 수술이 잘못될 경우 신체 모든 장기를 그것을 필요로 하는 사람에게 기증할 것을 유서에 썼다.

좋은 결과를 얻지 못한 수술은 그녀를 세상과 등지게 했다. 그러나 그녀의 두 눈은 어둠속에 살았던 한 청년에게 빛을 안겨주었다.

청년은 안구은행에 수소문해 기증자의 집을 찾았다. 놀랍게도 수술 전 그녀가 읽은 두 권의 책은 청년이 시각장애인 시절에 점자로 읽은 책과 일치했다.

그리고 그녀가 그린 마지막 그림은 청년과 너무나 닮아 있었다.

아낌없는 희생…
그 고귀함은 반드시 사랑으로 다시 피어난다.

## 하늘만큼 행복한 삶

사랑의 길은 이렇게 저렇게 안 갑니다.

한 길밖에 없습니다.

사랑의 길이 두 길입니까, 한 길입니까?

한 길입니다.

한 길만 가게 되면 이것이 안 통하는 데가 없습니다.

사랑의 길은 정숙한 길이요,

고요한 길이요,

사제들이 제사를 드리는 순간을 거쳐 나가듯이

조심스러운 길입니다.

『천성경, 343』

오스트리아 시골 농부의 딸로 태어난 마리안느 스퇴거는 어린 시절 제2차 세계대전을 겪었다.

피 흘리며 죽어가는 수많은 사람들을 보았고 강물 같은 눈물의 절규를 들었다.

어른이 되면 생명 살리는 일을 해야겠다고 다짐한 그녀는 간호학교에 들어갔고 수녀의 길을 선택했다.

1962년 스물여덟 되던 해, 평생 한센병 환자의 친구가 되겠다며 한국 소록도에 찾아왔다.

간호학교 룸메이트였던 마거릿 피사렛은 3년 전에 와 있었다.

의료진들이 마스크와 방역복을 착용할 때 마리안느는 짓물러 달라붙은 한센인의 손과 발을 맨손으로 벌여 소독했다.

2005년 11월 두 수녀는 눈물 흘리며 소록도를 떠났다. 세 번째 암수술을 한 마리안느는 짐이 되길 원치 않는다는 짧은 편지를 남겼다.

자신을 희생해 다른 사람 살리는 삶을 사는 사람들의 그 저력은 어디서 솟구치는 것일까?

석가모니는 제자들에게 자비를 실천해 중생을 구제하라고 설파했다. 예수 그리스도는 믿음·소망·사랑 중 사랑이 제일이라 했다. 공자는 사람을 불쌍히 여기는 마음이 앞서야 군자라고 말했다.

역사를 가로질러 모든 성인들이
'위하는 삶'을 갈파한 이유는
그것이 진리 중의 진리이기 때문이다.

2016년 소록도병원 개원 100주년을 기념해 11년 만에 다시 소록도를 찾아온 천사 할머니 마리안느 수녀는 지난 43년에 대해 "하늘만큼 행복했다"고 말했다.

남을 위하는 삶이 진정한 행복임을 그녀의 순결한 음성에서 다시 배운다.

# 천국 가는 법

양심을 해방해야 됩니다.
몸이 마음을 끌고 다닙니까,
마음이 몸을 끌고 다닙니까?

마음대로 하면 천국 가는 것이요,
몸대로 하면 지옥 가는 것입니다.
남을 위해서 살게 되면 천국 가고,
자기를 위해서 살게 되면 지옥 가는 것입니다.

『천성경, 728』

'세상에서 가장 가치 있는 일은
남에게 사랑 베푸는 일'임을 아버지와의 대화에서 깨달은
알베르트 슈바이처(1875~1965년).

그는 신학과 철학을 공부해 일찍이 교수가 되었고, 오르간 연주자로서도 높은 명성을 얻었다. 그러나 의료 선교로 아프리카 사람들을 돕겠다던 유년시절 꿈은 한 번도 잊은 적이 없었다.

서른한 살 늦깎이로 의과대학에 들어간 그는 8년 공부 끝에 의학박사가 됐다. 유년시절의 꿈, 아프리카 선교를 위한 것이었다. 그의 아내 역시 남편 내조를 위해 간호사 교육을 받았다.

슈바이처는 중앙아프리카 서부지역 랑바레네에 병원을 세웠다. 치료비가 없던 원주민들은 바나나, 계란, 닭을 돈 대신 들고 왔고, 그것도 없으면 일거리로 도왔다.

제1차 세계대전 당시 독일 국적 때문에 전쟁포로로 붙잡혀 수모를 겪었다. 다시 아프리카로 돌아왔다.

1952년 노벨상위원회는 인류 형제애를 발전시킨 노고를 치하하며 그에게 노벨평화상을 안겼다.

90평생을 생명에 대한 경외로 일관했던 슈바이처 박사. 그는 아프리카 사람들의 애틋한 환송 속에 영면했다. 지금쯤 천국에서 그는 무슨 일을 하고 있을까 생각해 본다.

## 또 하나의 축제

죽음이란 단어는 신성한 말입니다.
슬픔과 고통의 대명사가 아닙니다.
기뻐해야 할 순간입니다.
마음껏 축하하고 전해 주어야 할 때입니다.
슬픔의 눈물이 아닌 기쁨의 눈물을 흘리고,
흘려주어야 할 때입니다.
하나님의 품으로 돌아가 모시고
영생을 즐기러 가는 첫걸음이기 때문입니다.

『천성경, 1444』

임권택 감독의 영화 『축제』는 치매를 앓던 노모의 부고(訃告)를 받고 자식과 친척들이 모여드는 것으로 시작된다.

3일장 동안 집안사람들은 서운하고 맺힌 것들로 갈등한다. 그러다가 노모요 할머니요 시어머니 되는 고인을 떠나보내면서 모든 것을 화해하고 기념사진을 찍는다.
이때 주인공 준섭이 "웃어보세요. 무슨 초상났어요?"라고 말하자 무표정했던 얼굴들에 웃음꽃이 활짝 피면서 끝을 맺는다.
이 영화는 죽음이 삶과 괴리된 것이 아닌 또 하나의 축제임을 전했다.

외국영화 『네 번의 결혼식과 한 번의 장례식』, 『필라델피아』 등에서도 장례식장에서 춤을 추는 즐거운 분위기가 연출됐다.
스토리 전개상 임의적인 것이었지만 침통과 우울로 고정된 장례식 문화를 탈피하여 깊은 인상을 남겼다.

장례식이 슬픔으로 가득한 이유는 영원한 이별이란 인식이 전제돼 있기 때문이다. 그런데 만약 죽음이 끝이 아니라면 어떻게 될까?

가정연합은 죽음을 '성화(聖和)'라고 부른다.
슬픔과 고통이 아닌 더 큰 환희의 세계로 입문하는 순간으로 보기 때문이다. 그래서 가정연합 성화식장에는 통곡하는 침울함이 없다. 형용색색 꽃들이 가득하고, 축하와 기쁨의 떠나보냄이 있다.

요즘 장년·노년층 사이에서는 행복하게 사는 삶 '웰빙'을 넘어 어떻게 잘 마무리할 것인가에 대한 '웰다잉'이 회자되고 있다.

가보지 않은 '그 세계'에 막연한 두려움만 갖지 말고,
가정연합이 말하는 '성화'가 무엇인지
알아보면 좋을 것 같다.

# 말씀이 삶이 되어
| 꿈과 사랑을 전하는 희망 메시지 |

| | |
|---|---|
| **인쇄일** | 2022년 5월 3일 |
| **발행일** | 2022년 5월 10일 |

**지은이**　　김상희

| | |
|---|---|
| **발행인** | 이경현 |
| **발행처** | ㈜천원사 |
| **신고번호** | 제302-1961-000002호 |
| **주소** | 서울시 용산구 청파로 63길 3(청파동1가) |
| **대표전화** | 02-701-0110 |
| **팩스** | 02-701-1991 |

**정가**　15,000원

ISBN 978-89-7132-849-1  03810